立ち入り禁止の

裏ネタ・隠しネタ大全《たいぜん》

ライフ・リサーチ・プロジェクト［編］

Do You Know How Society Actually Works?

青春出版社

立ち入り禁止の向こう側には何がある？――はじめに

世の中は表に出ない〝裏話〟であふれています。

それは、その業界の中だけでしか通用しない裏ネタだったり、他人に言えない隠しネタや怪しいカラクリだったりします。

本書は、そんな外からはけっしてうかがい知ることのできない、意外な裏側にとことん迫った一冊です。

デパートをはじめスーパーや病院、薬局、学校、銀行、外食店などの知られざる不文律から暗黙のルール、内幕まですべて明かしています。

たとえば、ハンバーガーショップの座席が決まって2階か地下にあるワケ、なぜか衝動買いをしたくなるお店の「客動線」の法則、最近バカ売れしている極小サイズの水筒の意外なヒミツなど、聞けば誰もが驚く裏事情ばかりです。

本書を読んでそんな世の中のしくみを知れば驚愕必至、他人の一歩先をいくことができるでしょう。

２０２０年１月

ライフ・リサーチ・プロジェクト

立ち入り禁止の裏ネタ・隠しネタ大全■目次

第1章 ホテル・銀行・病院……あのお仕事には裏がある 19

目　次

第2章　外から見てもわからない街のお店の裏側は？　97

第3章 ヒット商品に、そんなヒミツの話があったんだ！ 159

第4章　最新トピックから読み解く〝大人の事情〟　203

第5章 実際、世の中ってどうなっているの？

目　次

第6章 ニッポンの裏側……これが社会のカラクリだ！ 315

目　次

カバー写真◉ CloudyStock/shutterstock.com
本文写真◉ TarikVision/shutterstock.com
DTP◉フジマックオフィス
制作◉新井イッセー事務所

第 1 章

ホテル・銀行・病院……
あのお仕事には**裏**がある

動物園に勤務する獣医が必ず身につけている技術とは？

どんな職業にも、その職業独自の得意技があるものだ。まがりなりにも、プロであるならふつうの人にはけっして真似できない卓越した技能や、他人を感嘆させるテクニックを持っているものである。

動物のお医者さんである獣医にも、一般の人たちがあまり持っていない優れたワザがある。それは、吹き矢のテクニックだ。

獣医と吹き矢といってもすぐには結びつかないと思うが、正確に吹き矢を吹けることは、じつは優れた獣医になるのに不可欠なのである。

では、いったいどんなときに吹き矢を使うのかというと、麻酔注射を打つときである。

たとえば、犬や猫に麻酔注射を打つ場合には、飼い主に抱っこをしてもらえばいい。ところが、動物によっては、すばしこく動き回っていて注射が打てないものもいる。

また、動物園の動物なら、檻の外から注射を打たなければならないこともある。そんなときに役立つのが吹き矢なのだ。

簡単に近づくことができない猛獣にも吹き矢が役立つ。いくら獣医でも、トラやライオンに近づいて麻酔注射を打つのはあまりにも危険だ。だから、吹き矢で眠らせてから治療を行うわけだ。

薬剤の種類や量によっては、吹き矢も微妙に変えなければならないので、獣医は自然と吹き矢に詳しくなる。

また、一発で成功させるためにはふだんからの練習も怠らないらしく、だから〝吹き矢の名手〟になるわけだ。

既製品の機械タイプの吹き矢もあるが、しかし動物やそのときの状況に対応するためにハンドメイドの吹き矢を使う獣医も多い。どんな職業にも、人知れぬ苦労があるのだ。

銀行のカウンターの内側にあるデスクの配列のナゾ

銀行の店舗のレイアウトというと、入り口を入るとロビーとカウンターがあり、その向こう側に行員の事務スペースがあるというのが一般的だろう。

そして、その事務机は3列に並んでいてすべてカウンターのほうを向いていたりする。じつは、この並びにはちゃんとした意味があるのだ。

よく、銀行員は1円でも勘定が合わなければ自宅に帰れないといわれるように、顧客のお金を預かる仕事であるがゆえに書類が複雑で確認事項も多い。

そこで、カウンターを担当するテラー（窓口係）が処理した書類を後方の事務員がダブルチェック、トリプルチェックしているのだ。

人間なのだから必ずミスは起きる。だからこそそのチェック体制だといえるだろう。

しかし、もしかすると今後数年のうちにこのような店舗のレイアウトは様変わりしてしまうかもしれない。なぜなら、キャッシュレス化の波が日本にも押し寄せているからだ。

２０１７年現在、日本は世界の先進国に比べて支払いに現金を使用する人が多く、決済全体の65パーセントにのぼる。

だが、アメリカは20パーセント程度、世界で最もキャッシュレス化が進んでいるスウェーデンでは数パーセントしか現金は動いておらず、電子マネーやカードでの支払いが一般的になっている。「現金お断り」という店も増えているくらいだ。

この流れが日本にも到達するのは時間の問題で、一部のコンビニではスマホのアプリで入店してセルフで会計をする無人店舗の構想も始まっている。

そうなってくると、わざわざ銀行に行って現金を下ろす必要がなくなり、銀行でやり取りされる現金の量も劇的に減ることになる。限られた人数で店舗を運営していくことができるようになるのだ。

今後は、銀行そのものの劇的な変化によって、大きな時代の転換を目の当たりにすることになるのかもしれない。

外科の経験がなくても
「外科」の看板がだせる⁉

「医者選び」というのはなかなか難しいもので、頼りになるホームドクターと出会えるのは幸運といってもいいかもしれない。

体調不良やけがなどで病院に行こうと思ったら、まず確認するのが「何科の医師がいるか」ということだろう。いくら自宅の近所にあっても、お腹が痛いのに眼科を受診する人はまずいないはずだ。

看板などに示されている診療科目のことを「標榜科目」というのだが、これを頼りに診察を受ける病院を決める人も多い。ところが、この標榜科目は医師免許さえ持っていれば、何を掲げてもいいというのが現在の制度なのだ。

つまり、外科の経験がまったくなくても、手続きをきちんと行っていれば看板に「外科」と掲げることができる。

もちろん無用なトラブルを避ける意味でも、医師たちは自信のある診療科目を掲げていることがほとんどだと信じたいが、ちょっと驚く事実ではないだろうか。

水族館の水槽で泳いでいる魚はスタッフが釣ってくるってホント？

迫力のあるダイオウイカや深海ザメ、ミステリアスな生態のオオグソクムシなど、近年の深海生物のブームもあって、水族館は子どもから大人まで楽しめる観光スポットとして根強い人気を誇っている。

希少種の魚や水中生物、ショーの主役となるペンギンやアシカなどの人気者にスポットが当たりがちだが、水族館には身近な魚や水中生物たちも数多く展示されている。

たとえば東京にある葛西臨海水族園には、自然豊かだった頃の東京の淡水環境が再現された「水辺の自然」という展示があり、ドジョウやモツゴなどを観ることができる。

ところで、その身近な生き物たちは、いったいどうやって水族館にやって来たのかといえば、ごくシンプルな方法だが、スタッフが自分たちで採ってくることも多いのだ。

海の生物や深海生物などは他の水族館との交換や、漁師の網にかかったものを譲り受けたり、専門業者から購入するといった方法があるのだが、たとえば磯や川などで簡単に採れる種類に関しては、水族館のスタッフが採取する。

自然環境を荒らしたり、同じ種類を採りすぎたりしないように細心の注意を払うのは鉄則だ。

採取された生き物たちは大切に水族館まで運ばれて、生涯手厚いケアを受けて暮らすことになる。

水質から水温に至るまでしっかりと管理された近代的な設備で泳ぐ魚たちが、釣り竿と網を持った飼育スタッフたちによって素朴な方法で採取されてきたと知ると、いっそう水族館が親しみやすいものに思えてくるから不思議である。

最近よく聞く「新薬の実験台」のバイトって本当にあるの？

令和元年も押し迫った12月に衝撃的な事件が報道された。抗てんかん薬の治験に協力していた20代の健康な男性が電柱から飛び降りて命を落としたのだ。治験との関係は否定できないとして即座に投薬は中止されている。

バイト情報誌などによれば、新薬の治験バイトというのは2種類あるという。ひとつは通院して投薬するもの、もうひとつは入院して投薬するものだ。

新薬とはいっても厚生労働省がその基準を厳格に定めており、リスクは我々が想像するよりも低いのだというが、冒頭のような事故の可能性もあるのが現実だ。そのため、報酬はかなりいいといえるだろう。

治験の報酬は日給として計算されることが多く、相場は1万から2万円ほどだ。通院より管理が厳しい入院の場合、１週間で10万円もらえることもある。

ただ薬を投与されるだけでなく、被験者には厳しい自己管理が求められる。飲酒や喫煙、食事にも制限がかけられるし、とくに入院の場合は就寝時間や起床時間も管理され、外部との接触は制限されることが多い。

条件しだいだが、万が一、体に悪影響が出た場合は手厚い治療が受けられる。そのせいで本来の仕事を休むような事態では休業補償金を受け取れる。

厳しい生活の制限や一定期間の拘束に耐えられる健康な成人であれば、高額の報酬と引き換えに考えてみる価値はあるかもしれない。ハイリスクな仕事ではあるが、治験を経なければ新薬は絶対に認可されることはない以上、人類の健康のためには欠かせない役割をはたしていることは確実だろう。

旅館で朝、布団を畳んでから チェックアウトするのははた迷惑？

自分で使ったものは自分で片づけるというのが、子どもでも大人でも守るべき当然のマナーだ。

しかし、どんなときでもこのやり方を押し通そうとすると、かえって相手に負担をかけることもある。

ひところ話題になったのが「チェックアウトするときに、布団は畳まないでほしい」という旅館の客室清掃係からのツイートだ。

客室で朝、荷物をまとめているとき、敷きっぱなしの布団が気になってきちんと畳んでおくという人は多いだろう。人によっては、布団を畳むだけでなく、押し入れに戻しておくこともある。

なぜこの行為が迷惑になるのかといえば、客室係が部屋を清掃する際には、布団の間に宿泊客の忘れ物がないか入念にチェックする必要があるからだ。

もし布団が畳んであったら、もう一度広げてから調べなければならない。多くの部屋を清掃しなければならない客室係にとって、この手間は思う以上に負担になってしまう。

つまり、丁寧に畳んであるほど、これが逆に面倒な作業になってしまうというわけである。

自分が使った布団を片づけるという行為が褒められこそすれ、スタッフの負担になっていたとは夢にも思わなかっただろうが、この事実を知ればなるほどとうなずける。

旅先では、布団は畳まずにチェックアウトして、旅館のスタッフに「ありがとう。楽しかったです」との一言を添えるほうがスマートなのである。

保険の営業をするとき、国の制度を批判するのはタブー!?

先の見えないこの時代、少しでも不安を解消してくれるのが、医療保険や年金商品である。

保険の営業マンの立場から見れば、こんな時代だからこそ「老後の備えに」とか「万が一のために」といったフレーズに訴えやすいし、たとえば年金商品であれば、不安だらけの国の年金制度を引き合いに出せばなお売りやすい。

ところが、驚くことに生保の営業マンは国の制度を批判してはいけないという不文律がある。

国民年金や健康保険など、国家が運営している制度について不安要素をあげつらい、それをネタに商品を販売してはいけないというのだ。

しかし、国が保障しきれない部分を民間の保険会社の商品で備えるというのはごく自然な考え方だ。保険会社にしてみれば、国の制度の落とし穴や足りない部分を指摘して顧客に提案するのは当然だろう。

それなのに国の制度に対して批判を避けようとするというのは、なんとも不思議な話としかいいようがない。

もちろん言い方の問題もあって、正面から非難せずに、不安を匂わせるくらいのほうが話を聞いてもらえるのかもしれないが、いずれにせよ当の業界関係者はそのあたり、気をつかうようだ。

ホテル従業員の日焼けが〝ご法度〟になった理由は何？

真夏ともなれば、何も海や山に行かなくても外を歩いているだけで日焼けをすることはある。ビジネスパーソンでも自然に焼けた肌は健康的で好印象だが、その反対に小麦色の肌がマイナスのイメージを引き起こす仕事がある。それはホテルマンだ。

どんな職種であれ、サービス業に従事している人にとって身だしなみは大切だが、とりわけ管理が厳しいのがホテルだろう。

実際「従業員は日焼けしてはいけない」という文言を就業規則に盛り込んでいるホテルは少なくないのだ。

ざっくりいえば「ゲストに不快感を与えないため」というのがその理由で、日焼けをするとそれだけで目立つし、皮がむけてきたりすると汚らしい印象を与えてしまう。

ハワイなどのビーチリゾートならもちろん問題はないが、大都市のど真ん中にあるような高級ホテルで、小麦色の肌に制服を着たホテルマンがいたらどうしても違和感を持たれてしまうだろう。

そのため、ホテルマンは日焼けには人一倍気を遣う。仮に休暇で南の島に行ったとしても日焼け止めを塗り、ずっと長袖を着て肌をガードするなど苦労が絶えないのだ。

神に仕える神社の巫女さんの知られざるウラ仕事とは？

コスプレ好きな若い女性の間で人気が上昇しているのが神社の巫女《みこ》さんの仕事だ。求人が出ると希望者が殺到するのだという。

しかし、その清楚な格好にばかり目を奪われて、巫女としての本来の仕事の厳しさを忘れてはならない。

本来、巫女は神の言葉である「神託」を伝える者としての役割を担う存在だった。また、祈祷や占い、口寄せをするのも巫女の役目で、神道においてはとても重要な役目を負っており、それこそが巫女の仕事の本質なのだ。

それが、近代以降になって神社で神主の補助的な仕事をしたり、神事で神楽などの奉仕に携わるようになり、仕事の幅が広がった。

神に向けて舞を奉納する「巫女舞」も巫女の大事な仕事である。もちろん、初詣などの参拝客にお守りなどを販売したり、それに関わる経理に携わったりすることもあるし、境内をきれいに清掃することもある。巫女の存在は、神社にとって不可欠なのである。

いうまでもなく、巫女は、男女雇用機会均等法の適用外となるため、女性しかできない仕事である。

ただし、巫女を本業とする女性以外に、忙しい時期にはアルバイトを募集するくらいなのでとくに資格や免許はいらない。

巫女の条件は、心身清浄な未婚女性で、ほかにも茶髪やピアス、ネイルアートは禁止で、長い黒髪をうしろでひとつに束ねるなどの厳しいものだ。また、細かい所作や歩き方、お辞儀のしかたなどをきちんと身につけなければならない。

巫女は、「本職巫女」「助勤巫女」「神事・祭りの巫女」の３種類に分類される。バイトの巫女は「助勤」といわれ、年末年始にお守りやお札を授与している巫女にはこの助勤も多い。忙しい時期だけに夜勤もある。

なお、お守りやお札は「お分けするもの」であり、お金のやりとりはあるが「売るもの」ではない。混雑するときは暗算で手売りしなければならず、経験者によると、かなり忙しく頭も使う仕事だという。

ちなみに、巫女は、二十代後半には引退をする。だから仕事をする期間はほかの仕事に比べてかなり短い。

近年は、海外からの観光客が急増していることもあり、英語などの外国語ができる巫女も求められている。

CAが毎年苦しめられる地獄の「エマ訓」とは？

飛行機で機内サービスをする客室乗務員、いわゆるCA（キャビンアテンダント）は女性に根強い人気を誇る職種である。

かつてほど労働条件がよくはないものの、国内外を飛び回る華やかなイメージとCAというネームバリューはいまだ健在だ。

しかし、憧れだけでは務まらないのがCAの仕事である。語学力をはじめ高い能力が必要なことはもちろん、不規則な勤務や立ちっぱなしのフライトなど体力もないとやっていけない。

見かけよりもかなり根性がいる仕事だが、そんな努力家のCAですら毎年、音をあげるのが「エマ訓」と呼ばれる訓練である。

エマ訓とは「エマージェンシー訓練」の略で、緊急時の訓練のことだ。機内で火災が発生したり、ハイジャックが起きたり、急病人が発生したりという事態を想定し、モックアップと呼ばれる訓練用の模型飛行機を使った保安訓練と筆記試験を行う。

そのどちらも合格しないと乗務停止になるため、新人に限らず誰もが寝る間を惜しんで猛勉強することになる。しかも、合格できるまでは何度もトライしなくてはならない。

緊急時の知識を総ざらいしなくてはならず、飛行機事故などを想定したシミュレーションは実践さながらで、人工呼吸やAEDの操作などの訓練も実施される。厳しい教官のもとで声の大きさなど細かい対処までチェックされ、プレッシャーは相当なものだ。

そうして訓練が終わる頃には心身ともにくたくたになってしまうのだが、どんなベテランCAでも1年に1回は必ず受けなくてはいけないエマ訓の時期が近づくと毎年憂鬱になるCAが続出するというのもうなずける話だ。

客としては、こうした過酷な試練を乗り越えたCAが搭乗してくれることで、安心してフライトを楽しめるというわけだ。

カップル客に商品を勧めるときの意外な注意点

年間の来店客数が7000万人という超大型デパートもあるように、店にはさまざまな客が訪れる。そこでは、販売スタッフにはそれぞれの客に合った細やかな対応が求められる。

たとえば、カップルでやってきた客に商品を勧めるときにタブーとされているのが、異性の客の側に立ってはいけないというものだ。

もしも女性スタッフがカップルの男性客の近くに、また男性スタッフなら女性客の近くに立ってそちらにばかり話しかけようものなら、当然のことながら連れの客はいい顔はしないだろう。

こうしたスタッフのちょっとした対応によって、客が店に抱く印象は一気に悪くなってしまうのだ。マイナスのイメージになればなるほど簡単にはぬぐえないもので、その客は二度と店に来なくなってしまうこともある。そこで、カップルの客に対応するときには、とにかく同性の客をメインにするよう、話しかけるようにしているという。

そうはいっても、一方を無視してしまうのもまた悪い印象を与えかねないので、ときどきは連れの客にも「お連れ様はいかがですか」などと意見を求めることを忘れてはならない。

客に対しては、どれだけ気を遣っても遣いすぎることはないというわけだ。

客の言葉にあえて「ハイ」といわない
販売スタッフの㊙心得

デパートや家電量販店などで客に商品を勧める販売スタッフのセールストークには、客に気づかれないよう巧みなテクニックがいくつも盛り込まれている。そのひとつが、客の言葉に相槌を打つときに「ハイ」と返事をしないというものだ。

ふつう、相手の話に同意するときには「ハイ」と返答する。会話の基本中の基本ともいえるこのルールに背くのだから、一見、無作法なやりとりをしているようにも映る。

ところが、返事をしないというのは、店員が客からつけ込まれないためにはたいへん理にかなったテクニックなのである。

なぜなら、「ハイ」と返事をすることは、素直で信頼できる人だという印象を与える一方で、答えた側が相手より下の立場にある、相手に服従しているというニュアンスも与えてしまうからだ。つまり、ややもすると客のほうが優位に立ってしまう状況を生み出しかねないのである。

常に客をリードしながら商品を売りたい販売スタッフにとって、これは好ましい状況とはいえない。

そこで「ハイ」ではなく、相手と対等な関係を保てる「ええ」と相槌を打つのが小売業界の不文律のようである。

セレブ御用達の家庭教師が
1千万円プレーヤーになる秘訣

少子化の影響で伸び悩んでいる塾業界ではあるが、一方で、首都圏の中学受験は年々競争が激化している。そういう状況を反映してか、ウハウハの人がいる。

セレブの子供たち（小中学生）を専門に教える家庭教師だ。彼らの年収は軽く１千万円を超えるというからオドロキだ。

たとえば、東京都内で教えている50代のプロ家庭教師は、土日ともなると朝の８時からスタートして夜の10時、11時まで５～６コマ（１コマは90分から１２０分）をこなすという。

移動は基本的に電車と自分の足で、移動中はスマホに次の授業の予約がひっきりなしに入ってくるため、チェックが欠かせないという。

時間給は２０００～５０００円が相場で、その日の交通費を含めて〝取っ払い〟

がほとんどなのだが、担当する生徒が第一志望校に合格した際のご祝儀は、1本（100万円）を下らないというからスゴイ。

そんなセレブ専門の彼らにいわせると、1千万円プレーヤーになる秘訣は、まず子供に好かれることだという。一般論ではあるが、お金持ちの子供の多くは、甘やかされて育っているため、先生に対しても〝上から目線〟でくる。タメ口などは何とも思っていない節があるという。

しかし、親は少しでも一流の中学や高校に行かせたいため、高い授業料を払って現役の東大生や一流大学生に家庭教師を依頼するのだが、彼らは3日と持たず次々とやめていくというのだ。

彼らもまたプライドがあるので、傍若無人の振舞いをする子供を目の前にして「もう、やってられない」となるらしい。

そこで、人生経験の豊かな老練の家庭教師が生徒と一緒になって彼らの目線で教えるのである。

罵倒されたり、バカにされたりすることもしばしばだが、そこは、高額な報酬を得ているためにまったく気にならない。

大切なのは、勉強のしかたや問題の考え方を噛んで含めるように教えることだという。

集中力に欠ける子供の場合、授業の半分は雑談で、気楽に、友だちのように話せる先生に徹することだというのだ。

つまり、生徒にとって話のわかる、自分の味方になってくれる先生を演じること、母親を味方につけることができれば1千万円プレーヤーも夢ではないのである。

タクシーが営業して いい場所、いけない場所の法則

タクシーを拾おうとして手を挙げているのに、通りかかったタクシーにスルーされてしまったという経験はないだろうか。もしかすると、そのタクシーは区域外営業で乗せられなかったのかもしれない。

タクシーにはそれぞれ「営業区域」があり、営業できる範囲が決まっている。

①区域内で客を乗降させる
②区域内で客を乗せて区域外で降ろす
③区域外で客を乗せて区域内で降ろす

ということはできるが、区域外で客を乗せて区域外で降ろすのは道路運送法の法令違反となる。

たとえば東京でいえば、東京23区に武蔵野市、三鷹市（武三地区）をプラスしたエリアを「東京都特別区・武三交通圏」といい、隣接する府中市や西東京市、立川市などの「北多摩交通圏」とでは営業区域が異なる。

東京都特別区・武三交通圏のタクシーが東京23区内から立川市まで客を乗せ、帰路に立川市から東京23区まで客を乗せることはできる。しかし、帰路に立川市から西東京市まで客を乗せると区域外営業で違反となってしまうのである。

つまり、区域外で客を降ろしたあとは自分の区域内で降車したいという客しか乗せられないわけだ。そのことを客にいちいち説明するのが面倒だと感じる運転手は、路上で手を挙げている客がいても知らんぷりしてスルーしてしまうこともあるのだ。

ちなみに、「回送」の表示にして区域外から区域内まで帰るタクシーもいる。だが、回送表示にしていいのは食事や休憩、給油、帰庫、修理・点検の時という決まりがあるため、基本的には空車の表示で区域外から区域内に戻らなくてはならないのである。

同期から役員が誕生したら出向しなければいけない銀行の掟

終身雇用という言葉はもはや死語だが、それでも慣れ親しんだ職場でできるだけ長く勤めたいと願う人は少なくないはずだ。しかし、銀行員にはそんな願いはまかり通らない。というのも、銀行には古くから特殊な人事の慣習があるからだ。

その特殊な慣習とは「同期から役員が誕生したら、その世代は全員出向しなくてはならない」というルールである。

出世競争が激しい銀行では、昇進レースを勝ち抜けるのは同期の中でもせいぜい2〜3パーセントだ。そして40代半ばになると同期の中に支店長や部長に昇進する行員が現れ、50代あたりで役員に抜擢される者が出てくる。

こうなると、その役員の同期全員は銀行本体から出なくてはならない。つまり、役員より支店長や部長のほうが年上というケースはあり得ないということなのである。

行き先はたいてい関連会社や取引先で、もちろんその待遇は転籍前のポストに左右される。給与が下がる場合もあるし、何より50代にして〝第2の人生〟を歩まねばならないのだから、ハタ目には厳しく不可思議な慣習とみられてもしかたがない。

とはいえ、業界では当たり前のことなので、行員にとってはサプライズでも何でもない。

ただ、途中で出世レースから脱落しても、出向先で少しでも好待遇を受けるためには、それなりに努力しなくてはならないということだけだ。

どうして、新聞社は、同じ日を休刊日にするのか

日本新聞協会の発表によると、２０１８年の新聞発行部数は４８９２万７０００部で、前年から２００万部の減少。２０００年の７１８９万６０００部から18年で２０００万部以上減少している。

この数字からもわかるとおり、日本人の新聞離れは顕著で、もはや歯止めがかからない状態といえるだろう。

しかし、「朝は新聞がないと始まらない」という人も根強くいるわけで、新聞が主要なメディアである状況は変わっていない。

新聞は基本的に毎日発行されるものだが、おおむね月に1日程度の休刊日が設けられている。

休みの日程は各新聞社とも足並みを揃えており、スポーツ紙などを除けば一般紙

は発行されていないのだ。

各社がいっせいに休刊するのは、販売店に対する配慮だという。大人数の社員を抱える新聞社とは違い、新聞を配達する販売店は少人数で回しているところがほとんどだ。交代で休みを取るにも限界があり、休日を思うように取れないのが現実なのである。

しかも、販売店の中には何種類もの新聞を扱うところもあり、どこか1紙でも発行されていると休日を返上して配達しなければならなくなる。

そこで、新聞各社は休刊日を揃えることで販売店の休日の確保に協力しているのだという。

ＡＩの進化によって、会計士が人気職業になるカラクリ

スマホの音声アシスタントやＡＩスピーカーなど、人工知能（ＡＩ）が身近にな

ってきた。それによって生活が便利になる反面、懸念されているのが「人間の仕事はどこまでＡＩに奪われるのか？」という問題だ。

そのなかでよく名前があがる職業が、会計や経理などの事務仕事だ。イギリスのオックスフォード大学のマイケル・オズボーン准教授が発表した「10年後に90パーセントの確率で消える職業」にもやはり名を連ねている。

会計士や経理係の仕事にとって代わるといわれているのが、ＡＩを生かしたクラウド型会計ソフトだ。

これを使えば各種の勘定科目などが自動で入力できるようになり、しかもパターンを学習すれば不正などのチェックもＡＩのほうが確実だという。３００人規模の企業の経理なら、人間は１人いれば十分だというのだ。

ところが日本よりも電子化が進んでいる国では、逆に会計士が不足しているという。ＡＩにできるのは単純処理やパターン化している作業で、それ以上は人間の領域になるということなのだ。

面倒で時間のかかる作業はＡＩに任せて業務指導や資金運用、コンサルティング業務に時間を費やす。会計士の働き方はＡＩとの共存型にシフトしているのである。

選挙事務所のスタッフを悩ませている意外なモノ

政治家にとっての一大イベントといえば選挙だが、候補者サイドのスタッフが真っ先に手をつけるのがボランティアの確保である。というのも、選挙事務所にはアナログな手作業がたくさんある。その代表的なものが「証紙貼り」だ。

選挙ではたくさんのビラが配られるが、どんなものでもいいわけではなく、「証紙」というシールが貼られたものでなくてはならない。

だが、証紙は公示日以降に選挙管理委員会から配布されるため、あらかじめ準備することはできない。だから、選挙期間中にボランティアが候補者の顔が刷られたビラに1枚1枚手作業で貼ることになるのだ。

その数は選挙の種類や都道府県で上限が異なるが、多ければ20～30万枚に及ぶこともある。

当然、１日ではこなせないので、選挙期間中は日替わりでスタッフが事務所の隅でせっせとシール貼りをしていることも珍しくない。

かといってシールのないビラを配るのは公職選挙法違反になるので、放り投げるわけにもいかないのだ。

ほかにもポスター貼りや演説時の旗持ちなど、ボランティア頼みの作業は少なくない。

芸能記者は芸能人の記事を「さん」づけで書いてはいけない⁉

たとえば芸能人の結婚というニュースがあれば、テレビ局は報道番組やワイドショーで「きょう、歌手の○○さんが結婚会見を開きました」という形で紹介する。

しかし、このニュースを活字にした場合、○○〝さん〟と敬称をつけない。「人気アイドルの○○が電撃結婚！」というように呼び捨てにするのがふつうだ。

これは大手新聞社や出版社による「記者ハンドブック」に記載されているルールで、出版業界の長年の慣習のひとつである。芸能人だけでなくスポーツ選手も同様で、「球界のエース○○がついにメジャーへ移籍！」というように呼び捨てにする。

一般社会では呼び捨てに対してはよくないイメージがあるが、出版界ではその逆だ。芸能人やスポーツ選手はその名前そのものに商品価値があるので、敬称をつけるのはかえって失礼にあたるというのがひとつの考え方である。

その証拠にというわけではないが、引退した人や故人に対しては「さん」あるいは「氏」をつける。この区別が、その人が「現役」か、あるいは「元芸能人」「元選手」かの線引きにもなるのだ。

まれに紙面でも「○○さん」と表記された記事を見ることはあるが、過去には敬称をつけられたことにむしろ気分を害し、配信元にクレームをつけた有名人もいる。

災難に遭ったり人助けをしたというニュースならともかく、一般的な記事で呼び捨てにされて怒るような有名人はまずいないというわけだ。

スポーツ番組にも放送作家がいるって知ってた？

テレビやラジオで番組を企画したり、その番組がどのような流れで進行するかを構成したりするのが放送作家である。

たとえば、鈴木おさむ氏や高須光聖氏など売れっ子の放送作家になると、本人がテレビ番組やラジオ番組に出演したり、本を出版したりとマルチな活躍をする人も多い。作詞家でＡＫＢ48グループのプロデューサーとして知られる秋元康氏をはじめ放送作家出身の著名人も多い。

主にお笑い番組やトーク番組などのバラエティ番組で活躍しているイメージがある放送作家だが、じつはその活動の場は幅広い。

報道番組やスポーツ番組も今やただニュースやスポーツの結果を伝えているだけでは視聴者をひきつけられない。

つまらないと思われたらすぐに別の番組にチャンネルを変えられてしまうので、放送作家が携わることで独自の切り口や特集などを組んで視聴者を飽きさせない努力が必要なのだ。

番組中に流れるＶＴＲの構成や、選手へのインタビューの台本なども放送作家が手がけて指示しているケースも多い。つまり、流れるニュースは同じでも、スポーツ番組を見比べて「このスポーツ番組なら毎週観たい」と思わせる番組は、それだけ放送作家の力量があるということになるのだ。

それぞれのスポーツ番組がどのような工夫をしているのかに注目しながら見るのも面白いだろう。

クイズ番組の問題はいったい誰が作っているのか

いつの時代もひとつやふたつあるのがクイズ番組である。

東大生がパネラーになったり、タレントや文化人たちが知識を競い、視聴者はテレビを観ながら一緒になって問題を解いていく。家族で観られる番組が少なくなった昨今、一定のニーズがあるのは間違いないだろう。

クイズ番組に欠かせないのは、なんといっても問題をつくる〝クイズ作家〟の存在だ。いったいどんな人が請け負っているのかというと、ざっくりいえばクイズマニアの人たちである。

大学のクイズ研究会出身や過去のクイズ番組の優勝者など、クイズに精通した人たちの多くは「クイズ制作会社」なるものを起業し、制作を一手に引き受けているのだ。

一般の人では簡単に解けない難問から、「思い出せそうで思い出せない！」というような絶妙な問題まで、番組が求めるレベルに合わせたクイズをつくるプロフェッショナル集団なのである。

とはいえ、万が一「問題」や「解答」に間違いがあったら即クレームものだ。そのため、某長寿番組では常に1回の放送分の3倍の問題を用意し、チェッカーがそれらをすべて間違いがないかどうかを検証し、そこからさらに採用分を厳選していくという。

クイズ番組が流行れば、優秀な作家を確保するのもひと苦労。楽しい番組の裏側では、制作陣が問題づくりに四苦八苦しているのである。

楽器によって給料に差をつけない　オーケストラの裏ルール

自分の好きなことを職業にできている人は幸せだろうが、それと収入は別問題だ。音楽の世界でいえば、印税などで巨万の富を手にする人よりも副業でアルバイトをしながらどうにか生計を立てているという人のほうが圧倒的に多い。

そんななか、オーケストラの楽団員などは比較的安定した収入を得ているほうかもしれない。日本国内にあるオーケストラ団員の年収は、上は１０００万円近くから下は２００万円台までと幅はあるものの、平均すると４００万～５００万円程度。

感覚的にはサラリーマンとほぼ同じだ。

ところで、オーケストラといえば60~１００人前後の楽団員を抱えているのが一般的だが、給料は担当する楽器によって差をつけることはないようである。

はたから見ると、１曲弾きっぱなしの弦楽器と、たまにしか出番がない打楽器の報酬が同じでは不公平という気がしないでもない。だが、出番が少ないからといって立場的に気楽かといえばそんなことはないのだ。

ドボルザークの交響曲第９番『新世界より』は、およそ40分間という曲の間でシンバルが鳴らされるのは最終楽章の一ヵ所のみであることで知られている。

演奏者が多い楽器であれば多少のミスも目立たないが、シンバルはごまかしがきかない。

あまりにも有名な曲だけに、耳の肥えた聴衆を前にしたシンバル奏者のプレッシャーたるや相当なものだろう。

クラシックの長い歴史においては、この一打ちに失敗し、信頼を失ってクビになった奏者もいる。こうしたエピソードひとつをとっても、オーケストラの楽団員の給料に差がない理由は明白なのだ。

リフォームの発注先をめぐる業界の「不文律」とは?

よく「元請け」や「二次請け」「三次請け」というが、発注者である客と、実際に仕事を請け負う会社の間に複数の会社が入ることはよくあることだ。

ただし、こういったいわゆる下請け業者が、元請け業者の頭ごしに客と直接やり取りするようなことは絶対にあってはならない。これはどんな業界においても守るべき不文律なのだ。

たとえば、ホームセンターや家電量販店などでリフォーム工事を受けつけるところが増えたが、実際に工事を担当するのはホームセンターではなく、そこから委託されたリフォーム業者であることがほとんどだ。

当然、客は工事代金をホームセンターに支払う。ただし、実際に工事をするうえでは下請け会社と客の間で直接打ち合わせをすることになるので、いやでも下請け業者と面識ができてしまう。

客としては1円でも安く抑えたいと思うのは当然のことで、また次にリフォームを考えるときにはその下請け業者に直接オーダーしようとする人も出てくるかもしれない。

だからといって、下請け業者はこのオーダーを受注することはない。仁義にもとることになるからだ。

古着屋では、そもそもどこから商品を集めてくるのか

10〜20代を中心に古着の人気は根強い。その理由は単に「安いから」だけではないらしい。

古着屋では、サイズ違いや色違いで同じデザインがずらりと並ぶということがな

い。シャツでもパンツでも、ほとんどが「一点もの」だから、ほかの人とカブる心配がない。それが個性を第一に考える若者たちに愛されているのだという。

そもそも古着は、アメリカのジーンズやドイツ、フランスなどのアーミールックと呼ばれる軍服、戦闘服、パイロット服などの市場が古くからあった。

1990年代の個人が行うフリーマーケットやガレージセール全盛の時代を経て、ユーロ系古着と呼ばれるフランスやイギリスの1940～1980年代の古着輸入が急激に増えてきた。

おしゃれな10代の女の子たちが、1970年代のフランス製のキャミソールなどを重ね着してワンピースのように着るなど、それまでどちらかというと「男の子向け」だった古着・リサイクル市場は「女の子向け」にも開かれていったのだ。

最近ではディズニーやスヌーピーなどひとつのキャラクターに絞った古着屋も人気で、日本中どの地域に行っても個性的な古着のおしゃれが楽しめるようになってきた。

そこで浮かぶ疑問は「そんなにたくさんの古着がいったいどこから出ているの

か」である。

古い衣料品には、「古着」と「リサイクル」があるのだが、これには「オーナーが商品を買いつけるのが古着屋」、「個人からの委託を受けて商品を陳列し、売れたときには10～30パーセントの委託料をとるのがリサイクルショップ」という住み分けの原則がある。

しかし、とくに「フランス下着専門」「スヌーピー専門」などとジャンルを絞った海外モノなどは、直接買いつけるといっても個人が飛び回っていたのでは数に限界がある。

そこで、それを支えているのが「古着卸」という業者の存在だ。

古着卸業者は、アメリカ、ヨーロッパ、アジアなど世界の諸地域にバイヤーを持ち、常にその地域の古着市場をチェックしている。そして各国から毎週のように20フィートコンテナ（約24トン分）の古着を日本に送らせているのだという。

全国各地の古着屋オーナーたちは古着卸の巨大な倉庫に買いつけに行き、そこで自分の店に合うものだけを選び取り、前金で支払って商品を得る。または、「ペール販売」と呼ばれるキロ単位のまとめ買いで格安商品を大量に仕入れる。

次の週には、古着屋にその古着が「一点もの」として並んでいるのである。

「シートベルト」をしないバス運転手のやまれぬ事情

車を運転するときにはシートベルトの着用が義務づけられている。万一のときにシートベルトが命を守る重要な役割を担うことはもはや常識で、現在では助手席や後部座席の同乗者もしなければならないようになっている。

ところで、大勢の乗客を運ぶバスの運転手ならいっそう安全に気をつけているはずだが、なぜかシートベルトをしていない運転手を見かけることがある。これは違反にならないのだろうか。

基本的にすべての人にシートベルトは義務づけられており、バス会社も「シートベルトをしてはいけない」と定めているわけではない。ただ、道路交通法の中で、やむを得ない理由があるときには例外的にシートベルトをしなくてもいいとされているのだ。

つまり、人命や身体に危険が及ぶ行為が発生し、それを警戒して防ぐ必要がある者には、この例外的措置が認められているのである。

運行中、乗客の安全を守るのは運転手の役目だ。万が一、不測の事態が発生した際にはすぐさま行動に移さなくてはならないため、シートベルトをしないというわけである。

もうひとつ、乗客はシートベルトをしていないのに、運転手だけが安全を確保していては申しわけないといった理由もあるようだ。

もっとも、こうした対応はバス会社によっても異なるらしく、運転手にシートベルトの着用を徹底させている会社もある。

また、少し古い型のバスでは通常見かけるような3点式のベルトではなく、腰だけを固定する2点式のベルトが装備されているケースもある。これだと乗客からは確認しづらく、シートベルトをしていないように見える場合もあるだろう。

カーディーラーの社員は
ライバル社の車に乗ってはいけない⁉

カーマニアは車種にこだわりがあったり、自分なりにカスタマイズすることに喜びを覚えたりするものである。その車好きがきっかけでディーラーに就職したという人は少なくないだろう。

趣味と実益を兼ねた職業に就いたように思えるが、実はそうともいい切れない。どんなに自分好みだったとしても、仕事の際には他社の車には乗らないからだ。

たとえば、A社の車を扱っている営業マンが、B社の車で客を訪問したとしよう。客はディーラーの人でさえ乗っていないのだから、A社の車には信頼性がないのではないかと疑うかもしれない。それでは販売に大きなマイナスになってしまう。

これを「相当なカーマニアだね」などと笑い飛ばしてくれる客は、そうそういないだろう。また、基本的には大きなカスタマイズも禁止されている。営業用の車はあくまでも宣伝の一環なのである。

どうしても他社の車に乗りたいというのであれば、プライベート用にセカンドカーを持つしかない。しかし、営業所に乗り入れることは難しく、他社の車で出勤すれば白い目で見られることは必至だ。

鉄道会社職員が絶対にやってはいけないこととは？

事故や故障、あるいは天候の影響によって鉄道のダイヤが乱れるとついイライラしてしまうものだ。

しかし、海外へ行けば10分や15分の遅れなんて当たり前にある。たかが1～2分のズレでも「電車が来ない！」と感じてしまうのは、それだけ日本の鉄道が時間に正確だからである。

そんな鉄道会社の職員、とりわけ運行業務に従事する職員にはけっして遅刻が許されない。もちろん、どんな業種でも遅刻はよくないが、上司や同僚に謝罪をしてその日の業務に励めば大目に見てもらえるだろう。だが、鉄道会社の場合は謝ってすむというわけにはいかない。運転士や車掌が遅れたら列車の運行に支障をきたし、ひいては多くの乗客に迷惑をかけてしまうからだ。

本来は業務の40分前までに出勤すればいいのだが、遅刻をすると人事面でも大きなペナルティになるため、1時間以上前から出勤している職員も珍しくないらしい。もっとも、突然の体調不良で出勤できない可能性もゼロではない。そんな事態に備えて予備の職員は確保されているものの、欠勤した職員はあとで症状や服用した薬など、本当に体調が悪かったことを細かく説明しなければならない。

遅刻が厳禁なのはもちろん、それ以外でも鉄道員は時間厳守が基本である。出勤点呼、乗務点呼準備、乗務点呼と何度も点呼があり、時計も秒単位で合わせる。あまりにも時間厳守の習慣が身についているため、飲み会にすら1秒の遅れもなく到着するという。こうした陰の努力もあって、日本が世界に誇る正確なダイヤが生み出されているのである。

キャビンアテンダントが定期的にトイレに出入りするウラ事情

飛行機に乗っていると、キャビンアテンダント（ＣＡ）が頻繁にトイレに出入りしていることに気づく。というのも、彼女らはフライト中は必ずトイレに入らなければならないのだ。

もちろん、入るたびに用を足しているわけではない。これはラバトリーチェックと呼ばれる大事な仕事のひとつなのである。

多くの乗客が乗っている機内ではトイレの使用回数も増える。洗面台がびしょびしょに濡れていないか、床が汚れていないか、トイレットペーパーは足りているかなどを細かくチェックして、誰もが気持ちよく使えるように常にトイレを清潔にしているのである。

しかし、掃除だけが目的だと思ったら大間違いで、ラバトリーチェックにはもうひとつ重要な意味があるのだ。それは不審物のチェックである。掃除よりも、むしろこちらに重点を置いているといえるかもしれない。

トイレは人目につかないうえ、ゴミ箱や備品の収納スペースといったものがあり、不審物を隠す場所にはこと欠かない。搭乗前に荷物の検査が行われるため、かなりその確率は低くなるものの、万が一、不審物が仕掛けられていたら大惨事を引き起こしかねないからだ。

そこで、客が使用したあとにはトイレに入り、隅から隅までくまなく確認するというわけだ。

乗客が知らないタクシー無線の知られざる「コード」とは？

世の中には、その業界で働く人だけに意味が伝わる用語、いわゆる隠語や符丁《ふちょう》といったものが数多くある。

たとえば、飲食業で使われる「アニキ、あんちゃん」は古い食材のことを指す。また医療関係者が「ついている」と言ったら、それは幸運を示すのではなく、担当していた患者が相次いで亡くなる意味だ。

同様にネット普及以前には主流だったタクシーの無線連絡にもさまざまな符丁があった。たとえば「０番地」。これは火葬場や斎場、もしくは病院の霊安室を意味している。タクシー無線ではこういった死にまつわる場所をはっきりと告げないようにしていたのだ。

タクシーにはどんな客が乗ってくるかわからない。結婚式や結納のような祝いごとの行き帰りだったり、通院に利用する人々もいる。

こういう客が火葬場や霊安室などの言葉を耳にしたら、不吉に感じてしまうかもしれない。

そこで、乗客にははっきりとした場所がわからないように０番地という符丁で伝えていたというわけだ。サービス業ならではの心遣いだといえるだろう。

タクシー業界にはほかにも符丁がある。たとえば、タクシー強盗が疑われるような怪しい人物が乗車した際には気づかれないように会社に連絡を入れることになっている。このとき、ストレートに「怪しい」と言ってはいけない。勘違いだったら客に失礼だし、本当に強盗だったら逆上する恐れがあるからだ。

タクシー無線の頃は、たとえば「よろしくどうぞ」「〜方面へ進行中」という連絡が危険を知らせるサインになり、近くにいる運転手仲間がさりげなく集まってくるしくみになっていたようだ。

「デパートの売り場に社員はいない」の噂は本当か

百貨店という呼び名にふさわしく、デパートの売り場は化粧品から衣料品、食料品までさまざまなジャンルの商品で埋め尽くされている。ただし、売り場にはデパートを運営する会社の社員はあまりいないという。

実は、売り場に立って客に商品を勧める販売スタッフは、その多くがデパートに入っているテナントや、取り扱っている商品のメーカーもしくは派遣会社などから派遣された社外の人間なのだ。

これはデパート業界ではよくあることで、実際に販売スタッフ専門の人材派遣会社のホームページを見ると、派遣先の業種のひとつとして「百貨店の仕事」というジャンルがある。

とはいえ、デパートにもれっきとした社員は存在する。その社員たちはどこで何をしているかというと、売り場とは別の建物にあるオフィスで人事や経理、販売企画や総務といった運営系の仕事に就いていることが多い。

ほかにも、デパート業界の花形職種といわれるバイヤー、つまり商品の仕入れを担当する社員や、外商として得意客を専門に回るのも主に社員が担当する。もちろん売り場担当の社員もいるが、販売スタッフとして客に接するのではなく、売り場全体を見回るのが仕事だ。

巨大なデパートは、社内外のさまざまなスタッフによって支えられているのである。

銀行の担当者が困った客に対応するときの㊙ルールとは？

どの業界でも頭を悩ませるのがクレーム処理だろう。近頃では、理不尽なことをまくしたてるクレーマーのことをモンスターカスタマーなどとも呼ぶが、やはり最も気を遣うのは相手が堅気ではない人たちの場合だ。

しかし客商売であれば、こういう人たちを相手にするときの対策は事前にとられている。トラブルになりやすい金融関係などもそうだが、銀行にはちょっとユニークな掟がある。

それは、その手の人たちを相手にするときは話し合いの途中で席を立ってはいけない、というものだ。

暴力団関係者などが銀行に因縁をつけに来るようなときは、窓口でモメたりすると他の客の迷惑にもなるので、とりあえず店内で応対する。

理不尽なクレームには毅然とした態度で臨むしかないが、その際にこちらが何度も席を立つようなことがあると、相手に次の一手を考える時間を与えてしまうため、話し合いはどんどん長期化する。

つまり、相手を有利な状態にさせないためには、相手につけ入る隙を多少なりとも与えてはいけないのである。

したがって、〝その筋〟の人と会う日が決まっているなら、その日はお茶を飲むのを控えるとか、あるいは前日の晩酌を断つなど用意周到な担当者もいる。

相手が引き下がるまでは、たとえ何があっても絶対に席をはずしてはいけないというわけだ。

証券マンは株価が下がってもけっして謝ってはいけない⁉

相手に不愉快な思いをさせてしまったり、不利益になるようなことをさせた原因が自分にあるとしたら、まずは「すみません」と頭を下げるのが日本人である。

ところが、世の中にはたとえ相手に責め立てられたとしても軽々しく謝ってはいけない職業がある。たとえば証券マンなどはその筆頭だろう。

彼らは、たとえ株価が下がっても顧客に「すみません」と謝ってはいけないのだ。うっかり非を認めたりしたら、相手は証券会社に責任を押しつけ、裁判に持ち込むこともある。

たとえ自分が勧めて投資させて損を出した場合でも、証券マンはその結果の責任を負うべきではないというのが業界の譲れぬ方針なのだ。

証券マンにももちろんノルマがあるため、ときには強引な営業をすることもある。ただし、そんなときも「これは絶対買いですよ」というような断定的な文句は口にしてはいけないのだ。

こういうケースでは、「期待できそうです」とか「リスクは少ないと思いますが」といったあいまいな表現で通すべきなのである。

ただ、責任がなかったとしても、自分の見立てが甘かったせいで顧客の財産が目減りしていくのは精神的にもきついものがある。

そのせいばかりではないだろうが、証券会社の離職率は今も昔も高いままなのである。

銀座のホステスが接客で心がける「銀座ルール」って何？

最初の1杯はみんなで乾杯というのが世界共通のルールだが、これは銀座のクラブでも同じだ。

ただし、このとき注意してみると、ホステスは客のグラスよりも必ず低い位置でグラスを合わせている。客よりグラスを高く上げることはないのだ。これはもちろん、「客を一番に立てる」というホステスと店側の経営姿勢でもある。

銀座のクラブに通う男性は、心地よい癒しを求めている。だからホステスも、客に気分よく過ごしてもらうために細やかなところまで気を配る。

グラスを低く掲げるのは伝統的に引き継がれてきた、いわゆる「銀座ルール」でもある。

銀座ルールというと、同伴や勤務時間など待遇にかかわることが多いように思われるが、接客態度に関するルールも少なくない。

グラスを客より高く上げてはいけないのもそうだが、灰皿はタバコ1本を吸い終わるごとに交換したり、グラスに水滴がついてきたら客の指が濡れないように紙ナプキンで水滴をふき取ったりする。

また、客のおつまみに手を出すのは控える、客のタバコに火をつけるときは自分の手元で火をつけてから両手を添えながらタバコに近づけるなど、店で働くホステスには接客に関するいろいろな決まりごとがあるのだ。

よく「クラブは会話を楽しむところ」というが、ホステスたちは会話力を磨くだけでなく、気配りの行き届いた接客を心がけることで、客の心をつかんで売り上げアップを目論んでいるわけだ。

クラブのホステスは客を大声で見送ってはいけない⁉

クラブやスナックで客を見送るのもホステスの大事な仕事のひとつだ。しかし、このときホステスが「ありがとうございました」と言うのはあまりよくない。感謝の気持ちを言っているのに何がいけないのだろうか。

それは「ありがとうございました」と過去形を使っているからだ。神経質な客なら、過去形を使われることで「これで終わりということか」と感じることもある。後味の悪い思いをするかもしれないだろう。

もちろん、当のホステスとしてはそういう考えは微塵もないだろう。来店してくれたことに対して素直な気持ちで「ありがとうございました」と言っているのである。

しかしトップクラスのホステスなら、ほんの一瞬でも客に不快な思いをさせないように気を配らなくてはならない。

では、どうすればいいのかというと、気持ちよくお店をあとにしてもらうためには「ありがとうございます」と進行形で見送るのである。数多くの店の中からこの店を選んでくれたという感謝とともに、「またお待ちしております」の気持ちも込める。

とにかく、次の来店につなげることがホステスの使命なのだ。過去形を使って、自ら縁を切るようなことをしてはいけない。

ちなみに「ありがとうございます」は大声で言う必要はない。ファミリーレストランやファストフード店なら、元気な声で「ありがとうございます」と言うところだが、水商売の場合はちょっと違う。

客の中には、それぞれ事情がある人もいるだろう。通りすがりの人も振り返るほどの声を出して客を慌てさせるより、客にだけ聞こえるような控えめな声で心を込めてお礼を告げるのが心配りのできるホステスなのである。

キャバ嬢が客にメールを一斉送信するのはタブー⁉

キャバクラで働く女性にとって、マメに営業メールを送ることは基本中の基本である。

来店してくれた客には、その日のうちにお礼のメールを送るのが鉄則だし、なかには客が店を出たらすぐに「今日はありがとうございます」などと短いメールを出しておき、店が終わってからあらためて送信し直すベテランキャバ嬢もいる。

ところでこの営業メール、一晩に何人もの客に出すのだから一斉送信でよさそうなものだが、しかしキャバ嬢たるもの、そこは絶対に一斉送信をしてはいけない。一人ひとりの客にあった内容のメールを打って送らなくてはならないのだ。

たとえば、メールの中には必ず客の名前を入れ、今しがたしたばかりの会話の内容を思い出しながらその人にしかわからない内容を少し入れる。

自分だけに打ってくれたメールだとわかれば、もらった客も大いに勘違いをしてくれるわけだ。

手間暇がかかる作業だが、ナンバーワンのキャバ嬢くらいになるとその内容の細やかさや送るタイミングも絶妙だ。もっとも、こういう細やかな気配りがあってこそナンバーワンになれるのだが。

一斉送信をしてはいけないのは、何も内容の問題だけではない。万が一でも客同士のメールアドレスが漏れたら大変だからだ。

ＢＣＣ機能を使えば安心と思いきや、どこで操作ミスをしたりアドレスが解読されるかわからない。

ちなみに、指名をしてくれる客には最低でも1日1回、メールを送るようにしているという。そのときはあからさまに営業とわかる内容ではなく、今日はこういうことがあって、というようなごくありきたりのメールを送るほうが好感をもたれるようだ。

結婚式場のエレクトーン奏者は譜面を見てはいけないって本当？

地味婚、派手婚、アットホーム婚など、結婚式にもトレンドはあれど、やはりホテルや結婚式場でのオーソドックスな披露宴は常に一定の需要がある。

その場合、新郎新婦の入場には「結婚行進曲」の生演奏というのが王道であるが、このときエレクトーン奏者は譜面を見ながら演奏してはいけない。

といっても、会場に「譜面持ち込み禁止」のルールがあるとか、譜面を見ると縁起が悪いとかそういった類の理由からではない。

披露宴が始まるときはまず会場の照明が落ちる。その中で新郎新婦入場のきっかけをつくるのがエレクトーンの音だが、奏者は当然暗がりの中での演奏を余儀なくされるわけだ。つまり、譜面など見たくても見られないのだ。

入場時だけでなくキャンドルサービスや花嫁が手紙を朗読するといった演出時も

たいてい主賓にスポットライトがあたり、会場は暗くなる。
BGMを担当するエレクトーン奏者の手元には小さなライトが置かれているので
かろうじて鍵盤を確認することはできるものの、譜面台までは見ることができない。
それに入場やキャンドルサービスは、進行に合わせて適度にリピートしたり、自然に曲を終わらせたりしなければならない。そもそも譜面どおりにしか弾けないようではプロ失格といわざるを得ないのだ。

なぜ動物病院は「治療費」をウリにできないのか

今や日本で飼われている犬や猫の数は2000万匹を突破している。ペットといえば、犬がその代表だったが、現在猫の飼育数が増加傾向にあり、犬を上回りそうだという。いまや日本人にとってペットはブームというよりも家族の一員といっていいだろう。

そんなペット人気を反映してか動物病院の数も増えている。愛犬や愛猫が病気にかかれば、やはりウデのいい獣医に診てもらいたいのが飼い主の心情だが、医療保険が利かないのであまり高い治療費がかかっても困る。

そこで病院の比較をしようとインターネットで調べてみると気づくのだが、治療費の安さを強調するような広告を見かけないのだ。

実は、これは不親切というわけではなく、動物病院は新聞の広告や看板などの公的な媒体に初診料や注射代、薬代などの料金を載せてはいけないと獣医師法で決められているからだ。

動物病院は自由診療なので、治療費に明確な規定はない。病院が独自に料金を決めることができるので、病院によってかなり治療費は異なっている。つまり、経営者のサジ加減ひとつで金額を変えることができるのである。

競合他社が増えると料金設定を低くして差別化を図ろうとするのは、他の業界なら当たり前ではあるが、やはり〝命〟を預かる医療機関のひとつとしてはサービスを安売りできないのが実情なのだろう。

患者を乗せたストレッチャーを頭から先に運ばない理由

「あなた、がんばって！」と病院の廊下をストレッチャーで運ばれていく夫に妻が寄り添い、手術室の扉の中に消えていくのを見送るというシーンをドラマなどでよく見かける。

だが、その構図には時々大きな誤りがあることがある。それは、手術室に向かっているストレッチャーの向きだ。よく見ていると、患者の「頭を先」にして運ばれていくことがある。

実は、医療や介護の世界で働く人にとっては、ストレッチャーを移動させるときは「足元を先」にするのが常識だ。そうしなくては、それでなくても具合のよくない患者の気分がよりいっそう悪くなってしまうことがあるからだ。

たとえば、電車のボックス席で進行方向寄りの席に座って景色を眺めていると乗り物酔いをするという人がいるが、寝ている状態で頭を先に運ばれるとそれと同じ違和感があるのである。

たしかにドラマの撮影の場合は、頭から移動したほうが患者や家族の姿と、廊下の先にある手術室の扉を一緒にカメラに収めることができる。緊迫感を演出するのにも効果的といえるだろう。

しかし、事情を知っている医療関係者は、テレビの画面の前で少し気分を悪くしているかもしれない。

落語家が寄席で避けなければいけない演目とは？

昔はお年寄りの娯楽というイメージしかなかった落語だが、数年前のブームから少しずつファン層は拡大しつつある。とりわけビギナーにうってつけなのが、さまざまな芸人のネタをちょっとずつ楽しめる寄席だろう。

通常、寄席には昼の部と夜の部があり、漫才やマジックを含めそれぞれ20組程度が出演している。寄席に出演する噺家は自分の出番に合わせて楽屋入りし、高座に上がる前には必ず楽屋に置いてあるネタ帳にその日に演じるネタの題名を書くのが決まりだ。

そして、あとから出演する噺家は自分の出番前にそのネタ帳を見ることになるのだが、このときすでに演じられたネタは避けなくてはいけないという習わしがある。まったく同じネタはもちろんのこと、人情モノばかりが続いたりするのもよくないので、ネタの種類も変化をつけなくてはならない。

たとえば落語家が12名出演する寄席であれば、トリを飾る噺家はすでに演じられた11人のネタは封印しなくてはならないということなのだ。

寄席の出番は前座、二ツ目、真打と、後ろへいくほど階級が上がっていくのがふつうなので、持ちネタが少ない若手が「演じるモノがない！」と慌てることはないが、逆に幅広いレパートリーを持っている真打といえども、苦手なネタしか残っていない場合もある。

そう考えれば、この習わしは笑いの裏に隠された厳しい掟といえるかもしれない。

飛行機のパイロットは「UFOを見た」と言ってはいけない！

ＵＦＯ（未確認飛行物体）といえば、解き明かされない現代のミステリーの代表格だ。もしも、街中を歩いていて偶然それらしきものを目撃したら、ほとんどの人が家族や友人に興奮しながら報告するに違いない。

だが、世の中には口が裂けても「ＵＦＯを見た」などと言ってはいけない職業の人たちがいる。それは航空機のパイロットだ。

実は、航空機のパイロットにはＵＦＯの目撃者が多い。

もちろん、それがホンモノかどうか真偽のほどは確かめようがないが、機長と副機長の2人の目撃者が同時に存在することになるわけだから、少なくとも錯覚や妄想ということはないだろう。

ところが、パイロットはその業務の性格上、他の職業よりも健康診断を受ける回数が多いため、UFOを見たなどと言ってうかつに騒ぎ立てると「精神に異常あり」とみなされてしまい、地上勤務に回されかねないというのだ。

これは民間航空機だけでなく、自衛隊のパイロットなどにも当てはまるようだ。今後も空を飛び続けたいなら、たとえ全身緑色の宇宙人が円盤を器用に操縦する姿を目撃したとしても〝見なかったこと〟にしなくてはならないというわけなのである。

売り場の柱の陰に小さな商品を置いてはいけないワケ

小売業界にとって万引きは深刻な問題だ。年間の被害額は、約4600億円にのぼるというから驚かされる。確認されている数字だけでこれだから、表に出ていない被害も合わせるとその金額はいったいどれほどに膨れ上がるのだろうか。

そこで、スーパーやホームセンターなどでは店内のレイアウトを工夫して、万引きをさせない売り場づくりを徹底している。

たとえば、大きな柱の陰には小さな商品を置かない、という決まりごともそのひとつだ。

大きな柱の陰は販売スタッフや防犯カメラから死角になりやすいため、万引きの温床になりやすい。店舗の構造上、そういったデッドスペースがどうしてもできてしまう場合には、すぐにカバンに入れられる小さな商品ではなく、万引きしづらい比較的大型の商品を並べるのである。

また、忙しいからといって、棚の商品を整頓せずに乱雑に並べておくことも万引き犯にスキを与えているようなものだ。

万引きをしようとしている客はスタッフや他の客の目をとにかく気にする。そこで店側では商品が整然と陳列されている状態をキープして、店内の隅々まで常にスタッフの目が行き届いていることをアピールしているのだ。

なぜ警備員はどんなに暑くても帽子を脱ごうとしないのか

デパートなどでよく見かけるのが、いかにも、にわかづくりですといった警備員の姿だ。その格好は警察官によく似てはいるが、実は彼らはパトロール中、帽子を脱いではいけない決まりになっている。

彼らは本職の警備員や警察官と違って、何度か講習を受けただけのアルバイトがパトロールに就くのが一般的で、制服を着用する法的義務もない。私服で業務に就くことも可能なのだ。

しかし、それが乱れた服装だったり、威厳のない格好で警備をしていると客や通行人の目につかない場合もある。それを防ぐために帽子を被らせるのはもちろん、服装だけでもきちっとさせて威厳を持たせようとしているのだ。

当然、警備員は警察官と違って取り調べの権限はないが、制服が与える心理的効果は抜群で、たいていの人は警備員の指示に従ってくれる。だから彼らは、いくらアルバイトとはいえ暑くても帽子を脱いではいけないのである。

一流ホテルが禁じている「サービス」の謎

「お客様の要望に対してノーと言ってはいけない」。これは某世界的ホテルチェーンが掲げている信条のひとつである。

たしかに、一流ホテルであればあるほどコンシェルジュをはじめとする従業員のホスピタリティはすばらしい。レストランの予約や各種チケットの手配はもちろん、客の身に起きたちょっとしたトラブルにもすぐさま対応する。

とくに多いのが滞在中の体調不良だ。そうした宿泊客には、胃の調子が悪ければ胃の薬、腹を下せば下痢止めをくれたりもするが、「風邪薬を」という要望だけには対応しない。

実はサービスが徹底しているホテルほど、宿泊客に風邪薬を出してはいけないのである。

これは何も風邪薬だけを出し渋っているわけではない。風邪薬には副作用を起こす成分が含まれていることがあるので、種類によっては体質に合わないこともある。つまり、無責任に薬を出して症状を悪化させるわけにはいかないという考え方からなのだ。

このケースではホテル内、もしくは近隣の薬局や薬店を紹介するにとどめるのが正しい対応となる。一見サービスが悪いと客に誤解されかねないが、理由を聞けばそれが一流ホテルならではのホスピタリティであることは一目瞭然だろう。

法事のとき、僧侶は長々とお経を読んではいけない!?

日本の葬儀のスタイルは基本的に仏式である。仏式で葬儀をしたらその後は節目ごとに法事を執り行う。初七日に始まり、四十九日、一周忌、三回忌など、その意味も規模も異なるが、いずれにせよ死者を弔うための僧侶のお経は欠かせない。

お経と聞けばそれだけでありがたい気持ちになるが、実は僧侶が法事で読むお経は短縮版であることをご存じだろうか。というのも、僧侶は一般の人の法事ではあまり長々とお経を読まないのである。

宗派によっても違うが、お経をすべて読もうとすると2時間はかかる。しかし、参列者が正座で聞くという状況のなかで、それをやれば不評を招くことは必至だ。子どもでなくても飽きてくるし、何より足がしびれてじっと座っていることなどできないだろう。

法事での読経は20〜30分程度におさめるのが適当なので、たいていの僧侶は自分流の〝短縮バージョン〟をつくっている。参列者の人数や法事の規模にあわせて、いくつかのバリエーションを持っている僧侶も多い。

しかし、ときには「読経を手抜きした」などとクレームをつけられることもある。長くても短くても文句を言われるのだから、僧侶という仕事も楽ではない。

医薬品メーカーのＭＲが絶対にやってはいけないこととは？

自社の製品を売り込むために、他社の製品を引き合いに出して自社製品のメリットを強調することはよくあることだ。取引先の相手が気心の知れた人なら、「Ａ社の新製品はイマイチですね」などと他社の製品を多少こき下ろしたとしても、オフレコなら許されるところだろう。

だが、世の中には他社の製品を誹謗中傷すると厳重な処分を受ける職種がある。それは、製薬会社のＭＲ（メディカル・リプレゼンタティブ）だ。

ＭＲというのは製薬会社に勤務する医療情報担当者のことで、自社が開発した薬の有効性や、使用することによって起こりうる副作用などの情報を病院の医師や薬剤師に提供するのが仕事である。

ただ、製薬会社の営業スタッフ的な立場でもあるため、つい自社製品の売り込みに熱が入ることもある。

しかし、誰もが薬局で買えるような一般の薬と違い、病院で使われる医療用の医薬品は効き目が強い分、ひとつ間違えると重大な医療事故にもつながりかねない。

過去には過当競争の結果、製薬会社の利益ばかりが優先され、医師へのリベートも当然のこととして行われていたこともある。

そうなると、最も不利益を被るのは適切な薬が提供されない患者ということになってしまうのだ。

そこで、ＭＲの行動規範はあくまでも「医薬品の情報提供」であると厳しく規定され、他社の製品を誹謗してはいけないというルールも生まれたのである。

第2章

外から見てもわからない
街のお店の裏側は？

スーパーにはなぜ
無料の給水サーバーがあるのか

スーパーマーケットなどで当たり前に目にするようになったのが、水を無料で給水できるサーバーの存在だ。最初に専用のボトルさえ購入すれば、以降は無料で水を汲んで持ち帰ることができる。

なぜこんなことができるのかというと、サーバーに入っているのはミネラルウォーターではなく、水道水をろ過した〝純水〟と呼ばれるものだからだ。

サーバーの中でろ過されて不純物をほぼ取り除いた純水は、サーバーのメンテナンスが必要なものの原価は水道料金のみとかなり低く抑えられる。スーパーにとっては、低コストの給水システムを設置することで集客につなげることができるのである。

一方、サーバー会社にとっては、月に数千円のメンテナンス料がうまみとなる。

一度設置してしまえば、メンテナンスをコンスタントに行うことで安定した収益を上げることができるのだ。

まさにウインウインの新しいビジネスモデルとなったのが、この「スーパーの無料の水」なのである。

なぜファミレスは1フロアだけで営業しているの？

多くのファミリーレストランには、ほかの飲食店にはあるのに、あえてつくらないものがある。それは2階のフロアだ。郊外に行くと2階建てのところもあるが、たいていは1階が駐車スペースになっており、2階だけを食事ができる店舗スペースにしてある。２つ以上のフロアをつくっていないのだ。

その理由はズバリ、経費削減にある。

２フロア以上にすると、当然のことながら1フロアより設計費も建築費もかさむ。

料理を運ぶエレベーターも必要だし、スタッフも増やさなければならない。店舗スペースを増やすと客が増えて売り上げアップを狙えそうだが、もともと客単価を抑えているファミレスでは、建設費や設備費、人件費を考えるとコスト高になって逆効果になる。

もうひとつ、1フロアにすることでスタッフの動きをマニュアル化し、別の店舗へのヘルプが容易になる。

大手チェーン店で厨房内の機器の配置や客席の配置がほとんど同じなのは、スタッフの作業をマニュアル化しやすいからだ。ファミレスでは、人手が足りなくなった店にスタッフがヘルプに出ることがあるが、そんな場合でも同じ配置であれば店舗は違ってもいつもの要領で仕事ができる。

ちなみに、ファストフード店では2階、3階のフロアがあるところも多い。これは入口で一括して客の注文をとり、運ぶのも客自身だからだ。

スタッフは各フロアを見回ってあと片づけなどをチェックすればいいだけなので、フロアを増やしても人件費にはそれほど響かないのである。

ハンバーガーショップの座席が決まって2階か地下にある理由

繁華街のビルにあるハンバーガーショップは、上下に細長い形になっていることが多い。

従来は１フロアで店舗スペースをできるだけ広くとり、注文をとるカウンターと客席は同じフロアだったが、近頃は１階のカウンターは注文をとるだけで、座席は２階以上のフロアか地下にあることが多くなった。

実は、従来の道路側に面していた形態だと具合が悪い点が見えてきたのだ。道路に面した１フロアの店舗だと、客の入り具合が外からひと目でわかってしまう。１階で客がトレイを持ったままウロウロと座席を探していると、それを外から見た客は「混雑しているからやめよう」と入店をあきらめるかもしれない。

ところが客席が２階以上か地下にあれば、外からはそう簡単には中の様子がうかがえないというわけだ。

縦に長い構造は、都心ならではのペンシルビルをやむを得ず活用したように見えるが、そこには店側のしたたかな集客戦略があったのである。

ガソリンスタンドの屋根が必ず高くなっているワケ

ガソリンは可燃性で、ひとたび扱いを間違えれば大事故を起こしかねない。そのため、ガソリンスタンドの設備にはいろいろな規定が設けられている。

たとえば、キャノピーと呼ばれるガソリンスタンドの屋根は、通常の建物と比べてかなり高い位置に設置されている。だいたい5〜6メートルの高さはあるだろう。

これも厳しく決められているのかと思いきや、消防法ではキャノピーの高さに関する規定はない。にもかかわらず、キャノピーを低くしてはいけない理由は2つあるのだ。

まず、ガソリンスタンドには乗用車だけでなく、トラックや特殊車輛など大型の車両も頻繁に出入りする。クレーン車であれば、数メートルの車高になることも珍しくはない。そんなときにキャノピーが低かったら、大型車はスタンドの中に入れずに給油できなくなってしまうからだ。

もうひとつは換気の問題である。ガソリンは気化しやすいので、スタンドの辺りにはいつも気化ガソリンが漂うことになる。そこでキャノピーを高くして通気をよくし、気化ガソリンがこもらないように配慮しているわけである。

安全性と実用性の両面をクリアするには、キャノピーはあの高さでなければならないのだ。

「回転ずし」は、今どこまでお客情報を管理している？

子供から大人まで、そして外国人にも人気の回転寿司だが、大手チェーン店に行くとＩＴ化が目覚ましいことを実感できる。

まず、店の入り口を入ってスタッフから「いらっしゃいませ、何名さまですか？」と聞かれることはなくなった。

だいたいタッチパネルに人数を入力して、発券された番号を持って順番を待つ。

なかには人型ロボットが「いらっしゃいませ」と対応してくれる店もある。

そして、席に着いたら注文もタッチパネルだ。食べたい品を選んで注文ボタンを押せば、目の前までコンベアーで皿が運ばれる。

回転している寿司のほうにもＩＴが導入されている店もある。

回転寿司というと、かつては回ってくる寿司を眺めながら好きなもの選んだものだが、いつの頃からか回転している寿司は乾燥していておいしくないなどといわれるようになり、わざわざ注文する客が増えた。

しかし、そうなると回転している寿司の多くが廃棄されてしまう。そこで、皿ごとプラスチックのカバーをかぶせて鮮度を保とうとする店が現れた。

しかも、そのカバーにはＩＣチップが搭載されていて、なんと走行距離で鮮度管理されている。

たとえば、マグロならコンベアーの上を３５０メートル走行したら鮮度が落ちたと判断される。こうして品質を管理することで、リアルタイムに客のニーズを把握することができるのだという。

また、スマホのアプリでも順番待ちができるようになるなど、店側にとっても客の人数が事前にわかる便利なシステムも導入されている。

新鮮なネタをより安く、並ばずに食べられるように努力が続いているのだ。

醤油の種類に見え隠れする「回転寿司店」の思惑とは？

今や戦国時代ともいわれている回転寿司業界では、大手チェーンをはじめとした各店が熾烈な競争を続けている。

奇抜なメニューを取り入れたり、食べ放題を始めてみたり、麺類やデザートなど寿司以外のサイドメニューで勝負してみたりと、客を取り込むためのさまざまなサービスも次々と取り入れられている。

そうしたサービスのひとつともいえるのが、回転寿司店の醤油の種類の豊富さだ。通常の寿司店では醤油さしはひとつしか置いていないが、回転寿司では通常の醤油のほかに特製のだし醤油やポン酢しょうゆ、特製の寿司用ドレッシングなども置いてある店がある。

客がネタに合わせてお好みの醤油を使えるようにという心遣いだが、このサービスにはもうひとつ、店側の営業戦略も隠されている。

それは、握ってから時間の経った寿司でも美味しく食べてもらおうという戦略だ。握ってすぐに客の口に入る通常の寿司店のネタとは違い、回転寿司のネタはレーンを何周かしてから客の口に入ることもある。

そのため、時間が経って鮮度や旨さが落ちた寿司を美味しく食べさせるには、アミノ酸などの調味料を入れた味つけの濃い醤油や、酸味のあるポン酢しょうゆなどで刺身の味を引き立たせる必要があるのだ。

鮮度が落ちた寿司でも濃い醤油で味つけすれば、食が進んで皿もどんどん積み上げられるというわけである。

格安のアナゴは、ウミヘビの可能性アリ⁉

アナゴといえば、回転寿司店などで気軽に食べられるようになったとはいえ、憧れの高級食材のひとつであることは間違いないだろう。

１皿１００円程度で食べられる回転寿司なら、高級寿司ネタに手が届くのも魅力なのだが、世の中にはそうそううまい話はないわけで、そこには衝撃の真実が隠されている。

格安で提供されるアナゴは、なんと「ウミヘビ」を利用している場合があるのだ。ウミヘビといっても爬虫類ではなく、ウナギ目に属するれっきとした魚類だ。ウナギ目の中でも、ヒレや尻尾の形が他の魚と違う種類をまとめてウミヘビ科と分類しているのである。

本家のアナゴはウナギ目アナゴ科であり、分類上近いといえなくもないかもしれない。

アナゴとして提供されているウミヘビはペルー近海で獲れ、地元では食用とされており「マルアナゴ」という和名もついている。メニューに「アナゴ」と書いたところで、まるっきりウソとはいえないのだ。

アナゴと思っていたらウミヘビだったと知れば多少はショックだが、美味しければそれはそれでいいのかもしれない。

立ち食いそば店の値段を左右する〝国際事情〟とは？

サラリーマンに人気のあるファストフードといえば、立ち食いそばだ。仕事が忙しくて昼食にあまり時間がかけられないときや、給料日の前でフトコロ具合がさびしいときなどにはありがたい存在である。

ところで、この立ち食いそばで使うゆで麺の原料は、ほとんどが輸入された「そばの実」から取ったそば粉が使われている。

日本で生産されるそばの実は消費量全体の2割だというから、立ち食いそばに限らず、今食べているそばの大半は外国産のそばの実を使っているといってもいいだろう。

このため、そばの値段は輸出した国のそばの実の値段に左右される。なかでもゆで麺はコストの安い中国産が中心だから、立ち食いそばの値段は中国の収穫量に影響されているのである。

つまり、中国の天候が不順でそばの実の収穫量が減れば、たちまち立ち食いそばの値段にはね返ることになりかねないのである。

２０１８年度のそばの国内消費量は14万トンで、このうち10万トンが輸入されている。これを輸入相手国別のシェアに直してみると、中国、アメリカ、ロシアの順になっている。

ちなみに、日本で一番そばの実を栽培しているのは北海道で、全国の収穫量の40パーセント近くを占めている。残念ながら、そばで有名な長野のシェアは7パーセントにすぎない。

また、そばの実の輸入量が増えるのは4～6月と11～12月。それぞれ夏によく食べる「ざるそば」と、大晦日に食べる「年越しそば」が需要の牽引役となっている。

原料の価格差がある「そば」と「うどん」が同じ値段で売れるワケ

たいていの立ち食いそばにはそばとうどんの両方がメニューにある。しかも、だいたい値段は同じである。

だが、よく考えたらこれはおかしなことである。原料の価格差を考えれば、うどんよりそばのほうが価格は高くなるはずで、同じ1食分であれば同じ価格になることなどあり得ないはずだ。

このカラクリを説明する前に、そばの作り方をおさらいしておくと、そばは基本的にそば粉と小麦粉（つなぎ）をこねて作られる。つなぎがなければいわゆる十割そばで、ごく一般的なのは「つなぎ２：そば粉８」の「二八そば」だ。

ところが、立ち食いそばのなかには、そば粉の割合が極端に低い店があるという。ＪＡＳ法では、そば粉の割合が30パーセント以上でなければ「そば」と名乗れない決まりになっているのだが、外食店には適用されない。

そのため、そば粉の割合が１〜２割という店もあり、うどんと値段が同じであっても不思議ではないのだ。

ちなみに、立ち食いそばチェーンなどで使用されているそば粉はほとんどが中国産で、うどんに使用される小麦粉もアメリカやカナダなどの外国産だ。これらは国産に比べて弾力が弱いため、グルテンの役割を果たす添加物を加えることでコシを出している。

安くても美味しければいいという人も世の中には多いが、適正価格より安いものにはそれなりの理由があることを忘れてはならないだろう。

外食業界を席巻する「業務用卵加工品の素」とは？

日本人は卵好きだといわれ、卵焼きや茶碗蒸しなど卵を使った料理は子どもからお年寄りにまで好まれている。家庭で作るだけでなく、外食するときに注文したり、できあいの惣菜を買ってくることもあるだろう。

ただ、外食メニューや惣菜と家庭で作る場合は、原料にする卵が違っている場合がある。〇〇産の産みたて卵を仕入れているというこだわりの店もある一方で、「業務用卵加工品の素」を使っているケースもあるのだ。

卵というと、殻つきの丸ごとの卵を思い浮かべるが、この形状で流通しているのは全体のおよそ半分しかない。残りは、全卵・黄身液・白身液に分けた「液卵」や、粉末状にした「粉卵」として流通しているのである。

この液卵や粉卵が茶碗蒸し用や卵焼き用などの用途別に加工されていくのだ。

さらに、普通に購入する卵はほとんど１００パーセントが国産であるのに対して、加工用には輸入された卵が使われていることも少なくないといわれている。

液卵も粉卵も、もとをたどればたしかに卵には違いない。しかし、製造過程で被膜剤や酸化防止剤などが加えられることもあるので、殻つきの生卵とは別物だと思ったほうがいいだろう。

ドラッグストアの食品がスーパーよりも安いワケ

ドラッグストアといえば今や医薬品や化粧品だけでなく、掃除用品やティッシュペーパーなどの日用品、ペット用品、飲料水、食料品までスーパーやコンビニ顔負けの品揃えを誇っている。

しかも、意外なことに、食品などはスーパーやコンビニよりも安く販売していることもあるので、スーパー代わりにドラッグストアを活用しているという人もいるだろう。

それにしてもドラッグストアはなぜ、スーパーよりも安く食料品を売ることができるのだろうか。

理由のひとつは、主力商品である医薬品や化粧品の利益率が高いということにある。

薬や化粧品が売れれば、しっかりと利益が出る。その分、食料品はそれほど利益を考えずに安くできるというわけだ。

安い食料品を目当てにして店に立ち寄ってもらい、ついでにメイン商品である医薬品や化粧品を買ってもらおうという算段である。

また、ほとんどのドラッグストアが全国チェーンなので、大量に発注することで商品の単価を下げることができる。

クリスマスやハロウィンなどの季節限定商品でメーカーが大量に在庫を抱えたものを問屋を通さずに直接仕入れ、少し季節外れになっても格安に販売することもある。

また、24時間営業や銀行のＡＴＭ、コピー機など、コンビニが合体したかのようなサービスを行っているドラッグストアも少なくない。

こうした努力の積み重ねでギリギリのところまで食料品を安くし、来店頻度を上げて売上げに結びつけようとしているのだ。

焼肉店によって「カルビ」の味が微妙に違うのは？

ファミリー層向けの激安店が台頭したことで、今や気軽な外食となったのが焼肉専門店だ。

なかには高級焼肉店とは比較にならない安さで食べ放題を提供している店もあるが、安さのカラクリのひとつとなっているのが部位の名称の曖昧さである。

人気メニューのカルビは、その代表的な例だ。カルビとは本来「あばら骨」を意味する韓国語で、あばら骨の周囲の肉である「バラ肉」のことを指す。

バラ肉にはあばら骨の外側の「肩バラ」と、腹の内側の「ともバラ」があるが、通常カルビとして提供されることが多いのは肩バラよりも柔らかい、ともバラだ。また、同じ肩バラでも例外的に柔らかく希少な「三角バラ」は、上カルビや特上カルビとして提供されることが多い。

だが、どの部位をカルビと称するか、どの部位を並カルビ、上カルビ、特上カルビと分類するかという明確な規定はなく、判断は店しだいなのである。輸入肉を並、国産を上とする店や、霜降りの具合だけで上や特上を決める店もある。

なかにはバラ肉以外の部位をカルビと称して提供する店もあり、店側が「カルビ」というメニュー名をつければ、肉質の似ている安い肉がカルビになってしまうこともあるのが現状だ。

ちなみに、ロースに関しては２０１０年には景品表示法違反にあたるとして消費者庁の指導が入った。ロースと呼べるのは、肩ロース、リブロース、サーロインの３つの部位である。

同じ商品の陳列スペースが90センチを超えてはいけないワケ

売れ筋の商品はできるだけ多く棚に並べておきたいものだが、ただ並べておけばそれで売れるかというとそういう問題でもない。

効果的な陳列スペースをつくるためには、同じ商品を並べたときのスペースが横幅90センチを超えないようにしなければならない。

実は、客が通路に立ったままの状態で商品棚を見たとき、ひと目で見渡せるのが横幅90センチくらいといわれている。このため、同じ種類の商品は90センチ以内に陳列すると、客がその場から動かなくても商品を選びやすくなるのである。

もしも横幅が長すぎると、商品を選ぶときに客は左右に動きまわることになる。すると客同士がぶつかり合ったりして買い物がしづらくなってしまう。客が快適に買い物できる売り場をつくるためにも、陳列スペースの横幅は90センチ以内に収めるというのがベストなのだ。

また、店内のレイアウトの観点からみても、90センチ幅の陳列スペースをとることは効果的だといえる。内装の資材や陳列の什器は30センチを基準にできているものが多いからだ。

客も選びやすく店にもメリットがある、それが90センチ幅の陳列なのである。

お店の入口より奥の方を暗くすると売り上げが落ちる⁉

スーパーに買い物に来る客は、買うものがだいたい決まっているものだ。そんな客にもできるだけ店内をくまなく歩いてもらい、1品でも多く買い物かごに入れてもらえれば売り上げは確実にアップする。

それには、店内の仕掛けが重要になってくる。まず徹底したいのが、店の奥は店の入口より暗くしてはいけないということだ。

電灯に集まる虫などと同様に、人間も明るい場所に引かれる習性がある。暗いところにいるとより明るいほうへ行きたくなるのだ。つまり、入口よりも売り場の奥のほうを明るくすれば、自然と店内への人の流れをつくり出すことができる。

もし入口より店の奥のほうが暗かったら、客はあまり中へ入っていく気にならないはずだ。お目当ての買い物をさっさとすませて外へ出ていってしまうことになるだろう。

店内にいる客も、より明るい入口のほうへと向かって流れることになる。客をできるだけ長く店内にとどめておくためには、店内が暗いのはもってのほかなのだ。

ちなみに、天井と壁が合わさる角のあたりを明るくすると、店内全体が明るく、広くなったように感じられる。その結果、明るい店内にもう少しいたいという心理が働き、客の滞在時間は長びく。

店内の明るさの調節ひとつで、客は店内をより長い時間〝回遊〟してくれることになるのだ。

買う気にさせる
商品陳列の〝黄金ルール〟

スーパーの売り場にある陳列用のかごなどの什器の中に、湯飲みやマグカップ、和風の皿から洋食器まで一緒に並べて売られているのをよく見かける。

一見どこにも問題がない陳列方法のようだが、これは商品陳列におけるタブーを犯している。

同じ什器の中に、用途や価値が異なる商品を並べてしまうと、そのアンバランスさがどちらの商品価値も下げてしまうのである。

たとえばひと口に食器といっても、和食器と洋食器では用途が違う。使い道の違う商品が一緒になっていることで客は集中して選ぶことができずに、購買につながりにくくなってしまうのだ。

また、同じ和食器でも職人が作った高価な皿と、大量生産の安価な皿など価格帯があまりに違うものを同じ場所に並べると、そのディスプレイを見ただけで高価な商品のほうのイメージが一気に下がってしまうのである。

同じようなカテゴリーの商品は、管理のしやすさからつい同じ什器に並べてしまいがちだが、それは明らかに店側の一方的な都合だ。商品の使い道や価格帯が同じようなものを一緒にすれば客はぐっと選びやすくなる。

客の購買意欲を高めて手に取ってもらうためには、選ぶ側の目を混乱させない陳列のしかたが基本になる。用途と価格帯が異なるものは同じ什器の中に並べてはいけないのである。

「新規出店」に失敗する店の意外な共通点

昼間は食材を買い出しする主婦、夕方は仕事帰りのビジネスパーソンなどでごった返すスーパーの周辺には、人出を見込んださまざまな業種の店舗がある。しかし、スーパーの集客力をあてにして出店するととんだ失敗をしてしまうというのが飲食店だ。

スーパーの近くに飲食店を開業しても、その賑わいとは対照的に流行らない場合が多い。その原因は、スーパーに来る客の目的と混雑の時間帯にある。

まず、スーパーに客が買いに来るのは食料品や日用品が目当てだ。そのような買い物は毎日ともなればたいてい一人で行くものだし、さっさとすませて帰りたいはずだ。

しかも、昼食や夕食の材料を買いに来たついでにわざわざスーパーの近くにあるレストランに足を運んで食事をするという客はそれほど多くないだろう。

もうひとつの原因は、スーパーが一番混むのが午後3時から5時だということだ。昼食はすませているし、夕食には早すぎる時間帯で外食には向かない。

釣り堀に魚がたくさんいても、エサを間違えたら釣果は上がらないのと同じだ。つまり、スーパーのメインの客層は夕飯の買い物をしていく主婦たちということになり、飲食店の客とはそもそも時間帯もニーズも合わないのだ。

ラーメン店のオーダーで「スープぬるめ」がない理由

最近のラーメン店では、麺のかたさや脂の量、味の濃さなどはオプションで注文できるようになっている。ところが「スープぬるめ」など、スープの熱さが注文できるところはほとんどない。

ぬるめのスープなどは猫舌の客も早く食べられて店の回転率アップにつながりそうなのだが、実際はほとんど聞かない。実は、ラーメン店にとってスープをぬるめにすることはあまり意味がないのだ。

そもそも飲食店の回転率は、皿の深さに左右されるといわれる。たとえばカレーライスの場合、底の深いカレー皿だとなかなか冷めないが、底の浅いカレー皿だとすぐに冷める。すると客もさっさと食べ終えて、結果的に回転率アップにつながるというわけだ。回転率を上げるには底の浅い皿を使え、というのは業界でも基本的な戦略なのである。

ところが、ラーメン店のどんぶりは底が深く、冷めにくい構造になっている。底の浅い皿を使えという本来の基本戦略があてはまらないのである。でも、ラーメン店はこれでいいのだ。

というのも、もともとラーメン店に来る客は食べ終わればすぐ出ていく。それよりもこだわりのスープで食べてもらうことに日夜努力を重ねているのだ。回転率よりも、おいしいスープをいかに飲んでもらうかに専念しているのである。

ようするにスープは熱さもうまさのうち。だから冷めにくいどんぶりを使い、頑なに自慢の味を守っているのである。

売り場にある段差で売り上げが20パーセント変わる⁉

お年寄りのいる住宅だけでなく、パブリックスペースもバリアフリーが当たり前の時代になった。

とはいえ、福祉面で世界に遅れをとっている日本では、まだまだ徹底されていないのが現状だ。

とくに古くからある店は、その構造上、売り場の中に段差があったりするのはしかたがないことではある。だが、商売的にも「段差」というのはあまりいいものではないらしい。

もちろん商品のディスプレイに段をつけて見せるのはいい。だが、客が自身で段を登らなくてはならないケースは歓迎されない。

商売の世界では段の上に陳列すると、それだけで商品の売り上げが20パーセントダウンするといわれているのだ。

「わずか10～20センチメートルの段差の何が面倒なんだ」と思われるかもしれない。しかし、これが人間の深層心理というものだろう。

その商品によほど興味がある場合しかお客はわざわざ段を登ったりはしないのである。

不動産屋さんが「一見さん」を大歓迎するワケ

ネットショッピングも当たり前になった今、客商売はどれだけリピーターを増やせるかがカギになる。

そんななか、まったく逆の思考で商売せざるを得ない業種がある。それが不動産業だ。

不動産業者が取り扱うものは、土地や一戸建て、マンションといった不動産で、よほどの大金持ちでもない限り、それらの売り買いを依頼することは人生で1度かせいぜい2度くらいである。

つまり、不動産会社にとってほとんどの客は「一見さん」なのだ。まれに「○○さんの紹介で…」などと来る客もいるが、だからといって過度に優遇したりはしない。ほぼ間違いなく2度目はないからである。

とはいっても、必要以上に物件を安く買いたたくなど、あくどい商売をすれば口コミがネットに流れ、あっという間に悪評は広まってしまう。いくらリピート買いがないからといって、あからさまに悪質な商売もしていられないのだ。

それでも、どうせ一度きりだからと客を甘く見る不動産会社もまだまだいる。そういう業者に騙されないためには、少なくとも２軒か３軒か回って、自分の売りたい（買いたい）物件の相場をリサーチしてみることだ。

そもそも画廊はどうやって生計を立てている？

街中には、「いったいどうやって生計を立てているのか」とふと疑問が湧く店があるが、一等地に立つ画廊もそのひとつといえるだろう。

たまに絵画を眺めている客がいる程度で、失礼ながら家賃を賄えるほど繁盛しているようには見えないところがほとんどだ。

じつは、画廊は絵を売るのが一番の目的ではない。絵画に限らず美術品というのは、店頭販売ではなく外商での取引がメインとなる。画廊は本来ならば店舗を持つ必要はないのだ。

しかし、「銀座にショールームを持っている」といえば、店の格が上がるのは間違いない。

つまり、利益を上げるためではなく、店のブランディングのために店舗を開いているので、そこで絵が売れなくてもいいのである。

生花店の売り上げに今起きている大変化の真相

生活習慣の変化によってモノの売り上げは変わってくる。その最もわかりやすい例が、花だ。人が最も生花を買うのは、いつだろうか。

1年を振り返ってみると、ふだん花屋とは無縁の人でも足を運んでしまうのは盆と正月、そして春秋の彼岸である。

これらの時期にご先祖様を思い出して墓参りをする日本人は多いが、手ぶらで行く人はあまりいない。たいていは花を買っていく。だからこれらの時期には、生花店が繁盛することになるといわれていた。

ところが、それは１９７０年代前半までといわれている。日本人の生活習慣の変化により、花屋の忙しい時期が変化してきているのだ。

花を買うのは自分のためよりも人のためという人が圧倒的に多い。では、誰のために買うのかというと、まず思い浮かぶのは、卒業する人への贈り物、あるいは転勤や退職する人への贈り物としての花である。卒業や転勤、退職となると、時期は圧倒的に３月が多い。つまり、この時期花屋が最も繁盛するのである。

大きな学校や、会社が多く集まったオフィス街や官庁街にある花屋は、３月になると贈り物にふさわしい花を揃えてニーズに応えている。

また、人が花を贈る日がもうひとつある。母の日だ。母親にカーネーションを贈るために花屋に足を運んだ経験のある人は多いだろう。つまり5月の母の日の前もまた、花屋が最も繁盛する時期なのである。

母の日の売り上げが、ほかの時期の売り上げ全体とほぼ同じ額になるという店も珍しくない。この時期、多くの花屋はアルバイトを雇い入れるなどして対応の準備をしている。基本的に日本人はギフト好きな国民である。自分の気持ちを伝えるためにモノを贈るのが大好きなのだ。個人から個人へモノを贈る、いわゆる「パーソナルギフト」の売り上げだけで、日本の小売市場の約8パーセントを占めるという統計もある。

モノを贈る、という習慣を追求すれば、場合によっては大きなメリットを期待することもできるというわけだ。

テレビショッピングの外から見えない戦略とは？

軽妙な語り口や、オーバーリアクションで観る人を飽きさせないテレビショッピングの番組は、今や専門のチャンネルができるほど浸透している。

そんなテレビショッピングで扱う商品は、市場価格から見ても安く設定されているものが多いうえ、あれもこれもとおまけがつけられる。

番組の制作コストなどを考えたらそれで商売は成り立つのかと勘ぐってしまうが、じつはそこにカラクリがある。通販会社が欲しいのは、顧客名簿なのだ。

テレビショッピング番組を持っている通販業者のほとんどは、カタログやネットショップを使った通信販売を行っていて、そちらで扱っている商品数のほうがはるかに多い。

通販業者はテレビショッピングでお得な商品を売り、それにつられて購入申し込みをしてきた視聴者を顧客として登録することで、引き続き販促をかけることができるのである。

薄利とはいえ、商品を売ったうえで顧客リストを手に入れることができるという意味で、テレビショッピングは、売上げ以上の価値をもたらすおいしいツールなのである。

なぜか衝動買いをしたくなる
お客の「客動線」の法則

お店にとって、ついで買いを誘うのに重要な要素は通路の幅だという。入り口から入ってきた客が、どの通路を通って店内を歩き、どんな順番で商品を見るか、つまり、どんな「客動線」をたどるかによって売り上げは大きく変わる。客の動線が長ければ長いほど、それだけ多くの商品を目にするということだ。

ではどうすれば客の動線が長くなるのだろうか。あるスーパーでは、店の奥に行くほど通路の幅が広くなっているという。

人間の心理を考えてみれば、細い通路を歩いているときに広い通路を見れば、どうしてもそこを歩いてみたくなるものだ。だから自然と奥の広い通路にまで足を運んでしまう。それを考えて、繁盛しているスーパーの通路は、店の奥に行けば行くほど幅が広くなっているのだ。

そうした作りにしておいて、人気商品や特売品をいろいろなポイントにうまく配置すると、客は店内を隅々まで歩くことになり、それだけ買い物をする機会も増えるというわけだ。

「夏はオレンジ」「冬はブルー」の内装で回転率が激変⁉

飲食店で売り上げを伸ばす方法のひとつは、客の回転率を上げることだ。同じ客に長居をされては店としてはたまったものではない。

ところで、回転率アップに大きな効果を上げるもののひとつに色彩がある。店内がどんな色彩でまとめられているかは、客の心理に大きな影響を与えるものだが、回転率を高めたいと思うなら、客がなるべく早く出ていきたくなるような色彩にすればいいのだ。

まず、夏なら暖色のオレンジ系統の色がベストだ。ただでさえ気温が高くて客の気分は高ぶっている。そんなときオレンジ系の色でまとめられた店にいると、ますます高揚してきて早く次の行動に移りたくなる。だから食事がすめばすぐに出ていくようになるのだ。

また、冬の場合は寒色のブルー系統がいい。空腹感が満たされても、店内がブルー系で寒々していると客の気分は冷えきってしまう。だから早く店を出ていこうとするのだ。

どちらも内装の色を利用して居心地を悪くするという考え方だが、回転率を上げるという意味では大きな効果が期待できる。

色彩が人間に与えるこういった影響力を利用している店は、季節に関係なく意外とあるものだ。ファストフードの店に入ったときに気をつけてみると、店内は暖色系で統一されているところがほとんどだ。これもやはり客の回転率を上げるためである。

とくに赤やオレンジなどの色は、時間がたつのが速く感じられるという性格がある。なるべく多くの客を入れ替えたいと考えるファストフード店には最もふさわしい色彩だ。

ところで最近、某有名ファストフード店が、これまでの暖色系だったイメージカラーから一部の店舗で青系のイメージカラーを使うようになった。

これは「もっと長居をしてください。ゆっくりお楽しみください」というメッセージを送ることで客足を取り戻そうとしているとも考えられる。青などの寒色系には時間の流れを遅く感じさせる性質があるからだ。

どれくらい効果があるかは今後しだいだが、色彩を利用して客の回転率を高めようとする試みとして興味深い。

雨の日の特売は長い目で見れば儲かるワケ

ほとんどの商売にとって雨は大敵だ。とくにスーパーマーケットの場合は、雨が降ると客足が遠のいてしまう。

そこで店が考えるのは特売だ。雨の日に特売をしてもさほど集客力は見込めず、あまり意味はないと思うかもしれない。

しかし長い目で見れば、雨の日の特売は店のイメージアップにつながり、固定客を増やす大きな力になるのだ。

客の立場になって考えるとよくわかる。雨の中をわざわざ出かけてくるくらいだから、おそらくどうしても買わなければならないものがあるはずである。

そんなときに思ってもいなかった特売品があると、「こんな天気だけれど、来てよかった」と得をした気分になるだろう。

そして「いつでも、ちゃんと客のことを考えている店」という信頼感が高まることになる。

これを繰り返せば、いい店としてのイメージが定着するし、雨の日の客足も増えるのだ。

ただし、牛乳など重いものやトイレットペーパーのようにかさばるものは特売品としてはふさわしくない。傘をさしていても持ち運びが苦にならないものを選ぶことが肝心だ。

お刺身パックの「産地表示」のウラを読む方法

スーパーの生鮮食品コーナーで売っている刺身の盛り合わせパックは、マグロやサーモン、タイなどの色とりどりの刺身を手ごろな値段で口にできるとあって人気も高い。

ところで、そんな盛り合わせの隣には単品の魚だけを使った刺身のパックが並んでいるが、よく見るとこちらのパッケージには「静岡産」や「愛知産」、「ノルウェー産」、「インド産」といった産地の表示がされている。その一方で、盛り合わせのほうは産地表示がされていないことも多いが、ここにはどんな違いがあるのだろうか。

まず、単品の刺身は「生鮮食品」になり、農林水産省が定める「ＪＡＳ規格」（日本農林規格）によると、生鮮食品は「名称」と「原産地」の表示が義務づけられている。

一方の盛り合わせのほうは「加工食品」の扱いになるため、原産地の表示をする義務がないのだ。

日本の魚介類の自給率は、カロリーベースで約6割ということを考えると、刺身の盛り合わせには世界のさまざまな海で獲れた魚が使われている可能性が高いことになる。

マグロは台湾やインド洋、サーモンはノルウェーやチリ、アジは静岡……といったように、近所のスーパーで手にしたひと皿で、世界中の海からはるばる運ばれてきた魚を口にすることになるというわけだ。

実は「焼き肉セット」と「焼き肉用セット」はこんなに違う！

すでに味つけもされているので、あとは焼くだけでいい手軽な「焼き肉セット」

と、これと一文字違いの「焼き肉用セット」ではどこがどう違うのだろうか。店頭に並んだ商品のラベルでは、名称が混在していることもあるかもしれないが、焼き肉用としてパックされている肉には生鮮品と加工品の２種類がある。

まず、何の味つけもしていないスライス肉をパックして売っているものは生鮮品の扱いになる。反対に味つけをしてあれば加工品になる。

ただし、味つけがされていなくても、牛と豚など異なった種類の肉が一緒に包装されていると加工品として扱われる。

カルビとバラのように部位の混在は認められているものの、単一種で調味をしていない肉のみが生鮮品と規定されているのだ。

また、生鮮品と加工品ではラベルの表示も違ってくる。生鮮品は肉の種類や部位だけでなく、必ず産地の表記が必要だ。しかし、加工品は原材料の表示はしなければならないが、産地表示は義務づけられていないのだ。

つまり、セットされている肉が国産なのか輸入ものなのかわからないのである。

それにタレに漬かっていると、肉汁が出ていないか、肉の色はどうかなど鮮度の判断もつきにくいといえるだろう。

生鮮品と加工品の定義は肉以外でも同じで、前述したように刺身でもサクなら生鮮品で、盛り合わせになっていれば加工品になる。

貝の原産地が国内でも、素直に信じてはいけない理由

しばしば食品の産地偽装表示が問題になっているが、ここでは貝について触れてみたい。

貝の産地については、普段あまり問題にされることはないが、やはり「産地直送」と表示されていればいかにも新鮮でおいしそうな気がするし、それだけに消費量も大きく左右されるはずだ。

基本的に貝類は、獲れた場所が「原産地」として表示されている。しかし、これが必ずしも正確ではないことがあるのだ。

たとえば、アサリやシジミといえば日本人にはなじみ深い貝で食卓や飲食店でよく見かける。しかし、近年は護岸工事や埋め立てなどで天然の砂浜が減少しているために、アサリやシジミの生息地域が少なくなり、国産が減っている。このため中国や韓国からの輸入モノが増えているのである。

では、スーパーなどに行くと中国産、韓国産と表示されたアサリやシジミが増えているかというと、そんなことはない。相変わらず国内の地名が表示されているのだ。なぜかというと、輸入品の貝は出荷調整のために、日本の砂浜で一時的に蓄養されることが多い。

日本のＪＡＳ法では、最も長い期間にわたって育てられた場所が、その貝の原産国として表示されると定められているので、国内の地名が表示された貝でも、もとをたどれば中国や韓国で獲れたもの、という場合も多いのである。

もちろんこれは産地偽装ではないし、きちんとＪＡＳ法に基づいているので問題にはならない。

このため「国産のアサリはやはりうまい」と思って食べたアサリ汁のアサリが、

実は国産ではなかったということもけっして珍しくはない。消費者としてはなんとも微妙な気分である。

「活魚」と「活〆魚」、天然モノで活きがいいのは？

「活魚」「活〆魚《いけじめ》」など、鮮魚コーナーの魚にはいろいろな表示がついている。活魚とは生きている魚のことで、そこからすぐに調理するものだ。

一方の活〆魚は鮮度を維持するために数日間絶食をさせた魚や、生きている魚を締めて血抜き処理を施したものを指す。

ところで、魚を買うときに消費者が一番気にするのは鮮度だ。そのために「活」という字がついているとつい新鮮な天然ものと思ってしまいがちだが、これは大きな勘違いだ。

実は、天然ものの魚は扱いが難しいために、生きたまま輸送されるということはほとんどないのである。つまり、活魚という表示がついたものの大半は、養殖ものか生け簀《いす》で育てられた魚なのだ。文字から受けるイメージだけで、活魚＝天然ものと決めつけないように注意したい。

ちなみに、活魚と活〆魚を比べた場合、鮮度の点から見れば活魚に軍配が上がる。しかし、味については活〆魚のほうがおいしいともいわれている。血抜きによって生臭さが抜けるとともに、時間が経つにつれてうまみ成分のイノシン酸が増えてくるためだ。

タイやヒラメなどの高級魚の刺身にはよく活〆魚が用いられるが、それもこうした理由からである。

「国産大豆100パーセント」「有機大豆」表示の正しい読み方

豆腐や納豆は日本人の食卓には欠かせない。その原料となる大豆は栄養価が高く、なかでも「畑の肉」と呼ばれるほどたんぱく質が多く含まれていることでもよく知られている。

同じ100グラム当たりに含まれている量で比べてみても、大豆は牛肉や鶏卵よりダントツに多いのである。もちろん、脂質は肉類と比べて少なく、とてもヘルシーな穀物ということになる。

この食用大豆は現在8割近くを輸入に頼っている。日本の平成28年の食品用大豆の需要量は97・5万トンあるにもかかわらず、国産は23・1万トンにすぎない。主な輸入国はアメリカやブラジル、カナダなどから74・4万トン輸入されている。

このため、たとえば毎朝食べている豆腐の多くはインディアナ州やオハイオ州などで採れたものを船で運んできたもので作られている。

ただ、アメリカ産の大豆は国産よりもたんぱく質が少なく脂質が多いため、「国産大豆100パーセント使用」の豆腐のほうが味がよくて需要もある。このような消費者のニーズに応えるために、国産の大豆は農協や地元の集荷業者、あるいは地元の食品会社に販売されるとその半分が豆腐と油揚げに使われている。

ところで、スーパーの店頭では、化学肥料を与えず無農薬で育てた「有機大豆」を原料にした食品が売られていることがある。有機作物は収穫するまで手間がかかるため、一見すると国内の農家が生産していると考えがちだが、実は、これもほとんどがアメリカからの輸入に頼っている。

日本は高温多湿のため、どうしても病害虫の発生量が多いため被害も受けやすく有機大豆が生産しにくいのだ。それに比べて乾燥した気候が続くアメリカの中西部では、病害虫の発生が少なくて生産に適しているという。

「丸大豆」と「脱脂加工大豆」で作ったしょう油はどう違う？

しょう油は日本人の食卓に欠かせない調味料のひとつだ。こいくち、うすくち、たまりしょう油などいくつか種類はあるものの、主な原材料は大豆、小麦、食塩と、いたってシンプルである。

ところで、しょう油の原材料を見ると「脱脂加工大豆」と書かれていることがある。これは普通の大豆とはどう違うのだろうか。

何の手も加えていない大豆は、いわゆる丸大豆と呼ばれている。それに対して、脱脂加工大豆は丸大豆から大豆油を取り除いたものを指す。

かつて、しょう油は丸大豆から作られるのが主流だったが、加工過程で多量の大豆油が出るために取り除く作業が必要だった。

だが、先に油を搾り取ってしまえば、この手間と時間を短縮することができる。そこで、脱脂加工大豆が生まれたというわけだ。しかも、搾り取った油は食用に使われるので無駄もない。このようにして作られた脱脂加工大豆は、なんとなく栄養分までなくなってしまったように思えるかもしれないが、たんぱく質は多く含まれているのでけっして搾りカスというわけではないのだ。

もちろん味覚には個人差があるが、一般的に脱脂加工大豆を使ったしょう油はキレがあってうま味が強く、丸大豆を原料とした場合には、まろやかで深い味わいがあるといわれている。

「天然にがり」は何をもって「天然」なのか？

季節を問わず食卓に登場する豆腐は、冷やっこや鍋物などで食され日本人にはなじみ深い食べ物のひとつだ。

豆腐を作るとき、原材料として使われるのは大豆だけである。ただ、パッケージを見ると、原材料の欄には「凝固剤」という文字も書かれている。

この凝固剤は豆乳を固める役割を果たしており、「にがり」といったほうがわかりやすいかもしれない。凝固剤としては、天然にがり、塩化マグネシウム、塩酸カルシウム、グルコノデルタラクトンなどが使われている。

塩化マグネシウムの中で、粗製塩化マグネシウムは塩化マグネシウムの成分を水に溶かしたにがりのことで、粗製海水塩化マグネシウムなら海水から抽出したにがりということになる。

名前だけを見ていると、カタカナ表記のものより「天然にがり」のほうが身体によさそうな印象を受けるかもしれないが、「天然」という言葉のイメージに惑わされてはいけない。

実は、天然のにがりは輸入品が多く、ものによっては製造方法がはっきりしていないものもあるからだ。これに対して、粗製海水塩化マグネシウムは国産品だ。とはいえ、どれも天然由来の凝固剤なので、安全性に関してはほとんど心配する必要はないだろう。

ちなみに、原材料の中には消泡剤が入っていることもある。これは豆乳の泡を消して表面を滑らかにするものである。

自然塩とふつうの食卓塩の違いは何？

最近は国内外を問わず、さまざまな産地の塩が売られている。自然塩、岩塩、天日塩といったものから、「ミネラルが豊富」「天然にがり使用」とうたったものまでバラエティだ。

塩分の摂りすぎには注意しなければならないとはいえ、塩は食生活に欠かせない調味料だ。それならば、せめて身体にいい塩を選びたいところだが、はたして高価な塩ならその条件を満たしてくれるのだろうか。

高価な塩のキャッチコピーでよく見かけるのが、「ミネラルが多く含まれています」というものだ。ミネラルは身体の機能を整えるうえで大事な栄養素で、とくにナトリウム、カリウム、カルシウム、マグネシウムが重要である。

一般的な食塩は塩化ナトリウムの比率が高く、ほかのミネラルはあまり入っていない。それに比べれば、自然塩のほうがミネラル分が高いといえるだろう。

しかし、日々口にする塩の量はごくわずかだ。１日に必要なミネラル分を塩から補給しようとしたら、それこそ塩分の摂りすぎになってしまう。

つまり、どんな塩を選ぶかより、使う量に注意したほうが身体にはいいといえるのだ。

「本醸造みりん」と「みりん風調味料」の違いは何？

みりんは日本料理に定番の調味料だ。味を調えるだけでなく、煮魚の臭みをとる、照焼きや煮物に照りを出すなど、その用途は広い。

ところで、みりんには「本醸造みりん」と「みりん風調味料」があることをご存じだろうか。昔ながらの本みりんは、蒸したもち米と米麹を焼酎やアルコールの中で醸造して作る。甘味が強いのが特徴で、15パーセント程度のアルコール分を含んでいる。

一方、みりん風調味料は、水あめなどの糖類、うま味調味料、酸味料、カラメル色素などを混ぜ合わて作るもので、長期間熟成させる必要がない。アルコール分も1パーセント以下に抑えられており、ガムシロップに近いといえる。

また、みりん風調味料と類似のものに発酵調味料と呼ばれるものもある。こちらはみりんと同程度のアルコール分を含んでいるものの、製造過程で高濃度の食塩を加えて飲用には適さないようにしてあるため、酒類には分類されない。同じ仲間に料理酒がある。

手間や時間を考えれば、みりん風調味料のほうがずっと簡単に作れるため、広く出回っているワケだが、そこにはもうひとつワケがある。

本みりんはアルコール含有率が高いので、もともと酒類販売の免許が必要だった。そのうえ酒税もかかり、どうしても値段が高くなってしまう。そこで、手広く扱えて値段も抑えることができるみりん風調味料が考案された。手ごろな値段で買えるみりん風調味料はあっという間にシェアを伸ばしていったというわけだ。

お客が知らない賞味期限の〝謎ルール〟とは？

食料品を買うときに客が確認するのが賞味期限だ。当然、新しいものを選ぼうとするが、そんな消費者意識を反映してか、食品の流通業界には賞味期限に関する暗黙のルールが存在する。

賞味期限の3分の1を過ぎた商品は小売店に卸さない、さらに賞味期限の3分の2を過ぎた商品は小売店から卸へと返品されるというものだ。「3分の1ルール」といわれている。

これはあくまでも業界がとり決めた約束ごとのようなものであって、法令化されているわけではない。しかし、業界内では当たり前のように行われているのだ。

農林水産省によると、賞味期限とはおいしく食べられる期限であり、これを過ぎてもすぐ食べられなくなるということではないのである。その期限を過ぎたら食べられないという意味の「消費期限」とは明らかに違うのだ。

最近では食品の廃棄率の高さが問題視されていることもあって、このルールを緩和しようという動きが加速している。

流通過程において過剰に賞味期限を意識することが、食品の廃棄量を結果的に増やしているという批判もあるからだ。具体的には「3分の1」を「2分の1」にするという流れにあるようだ。

消費者へのイメージを意識するあまり、まだ十分食べられるものが店頭に並ばないのは時代にそぐわないといわれるのも当然の流れだろう。

惣菜売り場の唐揚げをめぐる気になる話

料理をする人なら「カサ増しレシピ」という言葉になじみがあるだろう。

ハンバーグにおからを混ぜる、麻婆豆腐にキノコを入れるなど、つまり、肉のような高い食材を減らす代わりに安い食材でボリュームを出すという騙しのテクニックで、テレビや雑誌でもひんぱんに特集されている。

だが、こうしたカサ増し術は何も主婦だけのものではない。むしろ、家庭の外では当たり前のようにはびこっている。

その代表格がスーパーの総菜売り場やファミレスで出てくる唐揚げやハンバーグ

といった肉料理だ。じつは、これらには「植物性たんぱく」という混ぜ物が使用されていることがほとんどである。

植物性たんぱくとは、大豆や小麦などの原料からたんぱく質を抽出したもので、粉末、粒状、ペースト状などその形状はさまざまだ。

これを生肉にダイレクトに混ぜることでボリュームをアップさせる。ふつうは肉の量に対して植物性たんぱくは2割程度だというが、なかには5割、またそれ以上の場合もあるようだ。

ただ、そのまま調理するとどうしても味が落ちるため、これに添加物を加えて味つけを濃くして提供しているのである。

とはいえ違法というわけではないし、アメリカなどでは健康志向からむしろ植物性たんぱくを使用した食品がポジティブにとらえられていたりもする。

ただ、妙に安くて食べごたえのある肉料理には肉以外のものが混ぜられている、ということは覚えておいたほうがよさそうだ。

惣菜売り場のたまごサンドをめぐる気になる話

小腹が空いた時や、昼食などに手軽に市販のサンドイッチを買って食べるという人は多いだろう。

なかでも、たまごサンドイッチは人気の定番商品である。しかし、お店などで売られているたまごサンドイッチの中には、具材のたまごサラダに黄身を使わずに白身だけを使っているものがあるというから驚きである。

一見するとしっかり黄身が混ざっているたまごサラダのように見えるが、じつは白身に黄色い着色料で色をつけて黄身が入っているように見せかけていることもあるというのだ。

その理由は、たまごの需要に関係がある。たまごを卵黄と卵白に分けて使用する場合、菓子やマヨネーズなどの材料として卵黄のほうが需要が高い。

当然ながら卵白が余ってしまうため、卵白は黄身よりも割安で取引されることになる。白身だけを使用して黄色に着色し、たまごサラダ風に仕上げることでより価格を抑えた商品を作れるというわけだ。

もちろん、お店で売っているすべてのたまごサンドイッチが白身だけで作られているのではない。きちんと全卵を使用して調理されている本物のたまごサンドイッチも多い。

見た目や食品表示ではどれが全卵を使った商品なのか判別しにくいのだが、実際に食べてみると白身だけで作られたものは黄身に見える部分もやたらと歯ごたえがある。よく味わって食べてみるとたまご本来の味がしないはずである。

試食コーナーで、むやみに子どもに食べさせないのはなぜ?

スーパーの食品売り場では、魚や肉、揚げものやアイスクリームなどさまざまな食品の試食販売が行われている。産地直送品や新製品などを気軽に味見することができるので客としてはうれしいサービスのひとつだ。

しかし、最近の試食コーナーでは客の試食を断る場合がある。それは、相手が子どもの場合だ。販売員は「お母さんかお父さんと一緒に来てね」などと諭して、子どもだけの場合は試食させないようにしているのだ。

これは、実は食物アレルギーへの配慮なのである。近年、さまざまな食品にアレルギーを持つ子どもが増えた。気軽に試食させた結果、重大なアレルギー反応を引き起こしてしまったら大問題になってしまう。

とくに相手が小さな子どもの場合は、自分がどんな食品にアレルギーを持っているのか知らない場合が多い。子どもが試食しようとしている食品を連れの大人に確認する必要があるのだ。

試食販売員はこのことを肝に銘じているのである。

第3章

ヒット商品に、そんな
ヒミツの話があったんだ！

120ミリリットルの極小水筒が大ヒットになったワケ

量販店や雑貨店などの店頭に、小さな円筒形のケースが並んでいるのを見かけることが多くなった。いったい何を入れるものかと思えば、これが水筒だというのだから驚きだ。

容量は120ミリリットルと、計量カップ1杯にも満たない。しかし、この120ミリリットルの水筒が大ヒットしているのだ。

環境問題への意識が高まる昨今では、自宅で水筒に飲み物を入れて持ち歩く人も多くなった。しかし、持ち歩くバッグの大きさによっては水筒を入れづらいこともある。

その点、スマートフォンより多少かさばるとはいえ、120ミリリットルの水筒は小さなバッグにもすんなりと入れることができる。

さらに、従来の小さな水筒といえば、200から300ミリリットル程度だったのだが、これでも飲みきれないという人が案外多かった。

とくに冬場は、大量に水分をとるというよりも、乾燥しないように湿らせるという飲み方をすることも多く、120ミリリットルというのはそんな人たちのニーズにピタリとはまったのである。

　また、子ども連れで出かけるとき、小さな子が「のどが渇いた」と訴えたとしても実際に必要な量はそれほど多くない。ただでさえ荷物が多くなりがちな子連れ外出の際に、少しだけ飲み物を持ち歩ける水筒はとてもありがたい。

　ほかにも、高齢者が「外出先で1回だけ薬を飲まなければいけない」ときにちょうどいい量だとか、「電車内で咳が出たときに少しだけ飲みたい」など、少量の水を持ち歩きたいというニーズは意外と多かった。

　そこに目をつけたメーカーの慧眼が大ヒット商品を生んだのである。

「ストロング系チューハイ」誕生の裏で何が起きた？

　近年、スーパーマーケットや酒屋、コンビニで増えてきたのがストロング系チューハイだ。

「ストロング」という言葉からもわかるように、従来のチューハイでは物足りないという強者を中心に人気が出た。価格が安いが、アルコール度数8〜9％なのですぐに酔えるのがウリだ。今や各メーカーの売れ筋商品のひとつとなっている。

　こう書くと、いかにも消費者のニーズから生まれたようにも思えるが、ストロング系チューハイ登場の背景にあるのは、じつは税金事情なのだ。

日本が税金の高い国かどうかは議論がわかれるが、少なくともビールの値段の約3分の1は税金だというのはよく知られた話だ。

そこで、なんとかしてビールの価格を安くしようとして、麦芽の比率を抑えた第二、第三のビールが発売されたが、そのたびに国は新たな酒税をかけてきた。

では、ストロング系チューハイと酒税の間にはどんな関係があるのか。

ストロング系チューハイのほとんどは、アルコール度数が9％である。じつは、この「9」という数字に重要な意味が秘められているのだ。

10％未満の発泡性の酒の場合、350ミリリットルあたりの税金は28円である。77円のビールに比べてかなり安く、製造法もほとんどソフトドリンクと同じなので、それをアルコール飲料として作っても原価はかなり抑えられる。

そんな事情の中から生まれたのが、アルコール度9％の安いチューハイなのだ。つまり、ふつうの酒に比べたら破格の値段設定が可能なのである。これこそが、メーカーから国税に対する対抗策といっていいだろう。

ビールで痛い目にあわされてきたメーカーが、今度はストロング系チューハイに活路を見いだしたわけである。

ただし、２０２０（令和２）年には酒税法が改正されて、缶チューハイの税率が変わった。今までは、アルコール度数10％未満は80円／リットルだったが、改正後は、11％未満が１００円／リットルになったのだ。

こうなると、各メーカーはどのような対抗策を出してくるだろうか。その新しい動きに注目が集まっている。

トイレットペーパーで「三角折り」をやってはいけない理由

よその家を訪問したときや公共の場所などで、トイレで用を足してからトイレットペーパーを使ったあとにペーパーの先を三角形に折る人がいる。

清潔感があって気持ちがいいと感じるのか、それが正しい公衆道徳であるとか、当然のエチケットのように思い込んでいる人も多いようだ。

もともとは、ホテルの客室の清掃が終了したことの〝合図〟として行われていた業界の習慣が、いつの間にか一般にも広まったと思われる。

しかし医療関係者によると、ふつうの人がやる三角折りは、むしろ「大変不衛生であり、絶対にやってはならない行為」なのである。

よく考えてみれば、三角折りをするのは用を足したあとで、まだ便座に座っている状態のときだ。つまり、手を洗う前なのである。

当然、指先にはさまざまな雑菌が付着しており、その指で三角折りをすればペーパーにもその菌が付着する。

次に使った人は、当然、その菌まみれのペーパーに真っ先に触れることになるのだ。

当然その菌はペーパーを介して次の人にも感染する可能性が高くなるのだ。

もちろん、菌が付着している場所はほかにもある。荷物をかけるためのフックや水を流すためのレバーも危険である。

しかし三角折りをする人は、ことさらペーパーを長い時間にわたってベタベタ触ることになる。

つまり、それだけ多くの菌が付着するリスクが大きいということだ。

最近は、病院のトイレなどで三角折りをしないように呼びかけているところも増えている。誤ったエチケットがこれ以上広まらないようにしたいものだ。

「畳」の原料は海外だのみって本当？

日本の住文化を代表するもののひとつに畳がある。最近では洋風スタイルの生活が定着したこともあって畳の部屋が少なくなってきた。それでも、新しい畳を敷いた部屋の香りには、すがすがしさを感じる。

ところで、この日本の畳、生産されるまでの過程をみると、そのすべての材料が国産というわけではない。畳はその芯となる「畳床」の部分と、表面に張られる「畳表」、それに縁を彩る「畳縁」の3つの部分でできているが、それぞれ原料や材料を海外に求めているのである。

たとえば、伝統的な畳床は稲藁だけを使っているが、今では「ポリスチレンフォーム」などの石油化学製品を稲藁の間に挟んだり、あるいは畳床のすべてを石油化学製品にしている。

化学製品を使った畳床の特徴は保温性に優れ、ダニなどが発生しにくいことにあるが、やはり一番の魅力は低コストで、かつ軽量化が図れることだろう。このためマンションやアパートなどで使われている畳の多くはこれである。

さらに、表面を被う畳表も輸入されている。畳表は「イ草」を織って作るが、以前はイ草の生産農家が苗を植えつけて1年間かけて育てていた。ところが、現在では海外、とりわけ中国からの輸入が全体の80パーセント近くを占める。

中国産のイ草は、ほかの農産物と同じように価格が安いため、輸入量は爆発的に伸び、一時はイ草の生産者保護のために政府が暫定的な輸入制限措置を取るほどだった。

ちなみに、畳表は天然のイ草ではなく、汚れが拭き取りやすいように化学繊維やパルプでも作られている。

そして、最後に畳に表情を持たせる畳縁だが、これには綿や麻だけでなく石油を原料とした化学繊維などが使われている。

柄は無地から金糸などを使って色鮮やかに織られたものなど、この畳縁の種類を選ぶことで同じ畳表が張ってあっても、洋風の部屋に似合う畳から茶室などに使用される純和風の畳までさまざまな演出ができるという。

また、古くなった畳も畳表を張り替えれば、再び新しい畳に生まれ変わるので、長い年月にわたって使い続けることができるのも畳の魅力のひとつである。

畳は原料を海外に求めて生産しているが、やはり日本の生活を豊かにするものなのである。

日本の「チーズ」はチーズにしてチーズにあらず!?

日本は美食大国といわれている。たしかに都市部にはファストフードから各国の料理店まであふれており、しかも、どれをとっても大きくハズすことはない。

だが、たとえばイタリアに行ってピザを食べた人はだいたい「さすが本場のピザは違うな！」と、いたく感心するに違いない。

もちろん、現地の気候風土や雰囲気でより美味しく感じるというのも理由のひとつだが、イタリアに限っていえば決定的に日本とレベルが違う食材があるのだ。

それはチーズである。

我々が日本でふだん口にしているのはじつはチーズではなく、多くは「チーズフード」と呼ばれている別の食材だ。チーズフードとはチーズに乳化剤や香料を混ぜたもので、チーズが51パーセント入っていればＯＫとされている。

一説によれば、外食で出てくるチーズの９割はこのチーズフードで、よほど高級なこだわりのイタリア料理店にでも行かなければ本場の味には出会えないというわけだ。日本がそのほとんどを輸入に頼っていることを思えば、安価なチーズフードが中心になるのも無理はない。

「果汁100パーセントジュース」の見えないカラクリ

健康志向の高まりで、「ジュースは果汁１００パーセント」がもはや主流となっている。しかし、果汁１００パーセントといっても中身はどれも同じというワケではない。

単純に考えれば、まず果汁をそのまま絞ったストレート果汁がある。これは当然、果汁１００パーセントなのだが、どうしても値段が高くなってしまう。

たとえば、デパートのジューススタンドや喫茶店などで出されるストレート果汁のジュースは、1杯500円前後から1000円以上するものもあり、この値段ではペットボトル飲料などとして一般に販売することはできない。

そこで登場するのが、濃縮還元果汁だ。果汁を熱して水分を取り除いたものを保存しておき、再び水を加えて液体にしたのが濃縮還元果汁だ。

保存や運搬のコストが安くすむ濃縮還元果汁は、ストレート果汁に比べてぐっと価格が抑えられる。果汁100パーセントジュースが気軽に飲めるのは、この技術のおかげなのである。

「輸入缶詰」の原産国表示はどこまで本当?

パスタをはじめとするイタリア料理の人気の高さから、日本の食卓でも一躍需要が増えたのがホールトマトなどの「トマト缶」である。

国産の生トマトよりも価格が割安で、水煮や味つけなどの加工が施されていることから調理にも使いやすい。自宅で手軽にイタリア料理を楽しむには、もってこいの食材といえるだろう。

これらのトマト缶は本場イタリアから輸入されたものが多いが、イタリアからの輸入品だからといって、すべてがイタリア産のトマトを使っているわけではない。じつは、今やイタリアも中国から大量に輸入しているのだ。

消費者にはイタリア産トマトと見せかけて、実際には中国産トマトを使っている缶詰もある。

中国産の表示がある商品は残留農薬などにまつわるイメージが根強く、日本では人気がない。そのため中国産トマトをいったんイタリアに輸入し、イタリア国内で缶詰に加工してから日本で売っているというわけだ。

輸入加工食品の場合は、食品が最終的に加工された国を原産国として表示することになっている。原材料のトマトが中国産であっても、缶詰に「中国産」と表示しなくても法的には問題ないのである。

もちろん本物のイタリア産トマトを使った缶詰もあるが、表示だけでは判別が難しいものも多い。

どうしてジンギスカンの「羊肉」は海外だのみなのか

グルメの本場北海道には、海産物から農産物まで挙げればきりがないほど美味しい食材が揃っている。

その中で、庶民に愛される北海道名物料理のひとつがジンギスカンだ。羊肉を野菜と一緒に専用の鍋で焼いて食べるこの料理は、北海道発祥のグルメとして今や全国に広まっている。

そのジンギスカンに欠かせないのは、もちろん羊肉だ。北海道名物のひとつであるこの羊肉は、北海道の広大な大地で育まれた地元の味かと思いきや、そのほとんどが輸入に頼っている。

もちろんジンギスカン料理が登場し始めた当時は、地元の綿羊飼育の副産物である羊肉を有効活用するという目的があった。しかし、時代とともに綿羊飼育は減少し、国産の羊肉は手に入りにくくなってしまった。

一方で、ヘルシーなイメージがあるジンギスカンは全国的に人気となっていて羊肉の輸入量が増えている。

つまり、流通している羊肉の多くはニュージランドやオーストラリアなどの外国産なのである。

「ペットボトル」の形にはどんな意味がある？

ミネラルウォーターからコーヒー、紅茶、炭酸飲料まで、ペットボトル飲料の品揃えは多岐に渡る。

しかしその形状に目を向ければ、いくつかの共通点が見えてくる。ペットボトルの形は中身によってある程度決まってくるのである。

まず、炭酸飲料は内側から炭酸ガスの

圧力がかかる。そのために形は丸く圧力が均等にかかるようになっている。底は花びらのような形になっていて、圧がかかっても自立できるように設計されているのだ。

また、お茶やスポーツドリンク、果汁入りジュースなどは高温殺菌するためにその熱に耐えられる材質で作られている。また中身が冷えた時に体積が縮むので、容器がへこむのを防ぐための凸凹がつけられている。

ミネラルウォーターやミルク入りコーヒー飲料などには、無菌充填用のペットボトルが使われる。薄くて柔らかく軽いのが特徴で、強度を保つためのみぞやくぼみがある。

飲み終わったペットボトルのラベルを剥いて分別する時に気をつけて見てみると面白いかもしれない。

タダの水に値段がつくまでの意外なカラクリ

ひと昔前は「タダ」だった水も、今は買うのが常識となりつつある。ペットボトル入りのミネラルウォーターはもちろん、ここ数年で宅配のボトルを利用したウォーターサーバー事業も急成長している。

ミネラルウォーターとは、地上に降った雨や雪が地下にしみ込みながら地層の中のミネラル成分を取り込み、それがそのまま地下水になったもので、それを汲み上げて加熱殺菌したものが飲まれている。

ということは、ミネラルウォーターには製造コストはほとんどかかっていないことになる。

それがなぜかボトルに入れられただけで、清涼飲料と同じ価格帯で販売されているのである。

その秘密はミネラルウォーターが店頭に並ぶまでの流れにある。ミネラルウォーターを販売するためには、その水を採った場所を明記することが義務づけられているのだ。

このため、飲料メーカーは清涼飲料のように消費地に近い場所に工場を造らず、わざわざ採水地近辺に工場を建て商品を全国に供給しているのだ。

もちろん、採水地で汲み上げた水をタンクローリーで全国の工場に輸送することもできるが、それでは現地で生産するよりも工場まで運ぶ分のコストが余計にかかってしまう。

つまり、私たちは水といっても「物流費」と「工場の設備費」も合わせて飲んでいることになる。

ところで、ミネラルウォーターには国が定めたガイドラインがあるのをご存じだろうか。

それによると、「ミネラルウォーター類」として表示できるのは、ナチュラルウォーター、ナチュラルミネラルウォーター、ミネラルウォーター、ボトルドウォーターだという。なぜ４つに分類されるかというと、同じミネラルウォーターでも世界各国でその考え方に差があるためだ。

日本ミネラルウォーター協会の統計によると、２０１８年の日本人の年間消費量は、１人当たり31・７リットルとなっている。統計を取り始めた１９９７年の６・３リットルから５倍以上の伸びであり、欧米ではイギリス（同36・５リットル）と同程度である。

「ワイン」のボトルに見え隠れする裏事情

近年、日本産ワインは品質が向上し、日本各地で地元ワインが登場するなどして人気が高まっている。

実際、ワイン売り場に行くとフランスやスペイン、チリ産などの海外のワインと並んで日本産ワインの品揃えがぐっと増えてきているが、この日本産ワインと海外のワインとを見比べるとボトルが少し小さいのがわかるだろうか。

国際的なワインの容量は７５０ミリリットルなのだが、日本産のワインはそれより容量の少ない７２０ミリリットルなのだ。

国際的な基準に合わせればいいのにと思う人もいるかもしれないが、この容量の差が生まれたのには日本ならではの理由がある。

じつは、日本産ワインの容量である720ミリリットルは、「日本酒」の4合瓶と同じ容量なのである。

日本酒の1升は1・8リットルで、1合はその10分の1の180ミリリットルになる。

それが4合瓶だと720ミリリットルになるので、国際的なワインの容量と比較して、その差はわずか30ミリリットルしかない。

それならワイン用にわざわざ新たなボトルを作ろうとするよりも、古くからある日本酒の4合瓶を利用するほうがコストも抑えられて都合がいいと考えたのである。

ちょっと小ぶりな日本産ワインのボトルには、日本酒との秘かな関わりが隠されていたのである。

「ルンバ」を生んだテクノロジーのルーツとは？

部屋の中を自動で掃除してくれる自走式掃除機ロボットは、忙しい人や掃除が苦手な人にとっては大助かりな存在である。

なかでもアイロボット社の「ルンバ」は、その先駆けとして自走式掃除機ロボットの代名詞にもなっている。

かいがいしく部屋中を掃除する姿が可愛らしくも見えるルンバだが、じつはこの小さなロボットのルーツをたどっていくと地雷探知ロボットのテクノロジーが受け継がれている。

ルンバを開発したアイロボット社は、アメリカのマサチューセッツ工科大学のロボット学者たちによって1990年に創設された。

創設後、同社は宇宙探査ロボットや地雷探知ロボットなどを次々と開発した。その探知機能を活かしたロボットが、2001年のアメリカ同時多発テロの時にはがれきの下の被災者の探索にも活躍している。

そのほか第2次湾岸戦争での地雷探知や、エジプトの大ピラミッドの探査、2011年の東日本大震災の原発事故では原発の建屋内の探査など、同社のロボットは危険を伴うさまざまな現場で利用されているのだ。

そうした技術を家庭に応用したのがルンバで、搭載の人工知能が部屋の中の状況を判断して障害物や階段を回避したり、ちょっとした段差なら乗り越えたりしながら人間に代わって掃除をしてくれるのである。

「エンピツ」はアメリカ、中国、ドイツの合作製品だった⁉

エンピツには木材が持つ暖かさと、独特の筆感がある。このエンピツは「芯」と「木軸」でできているが、両方とも材料は100パーセント輸入だ。

芯の材料は中国で取れる「黒鉛」と、ドイツや中国が産地の「粘土」だ。これを水で溶いて混ぜ合わせてから固めて作る。

この配合比率によって「2B」や「HB」といったエンピツの濃さに関係する芯の硬さを調整するのだが、その硬さは「JIS（日本工業規格）」によれば17段階にも分かれている。

一方、木軸に使われる木はカリフォルニアなどに生育している「インセンスシダー」と呼ばれるヒノキの一種で、これをアメリカの製材所が「スラット」と呼ばれる板状に加工して日本に輸出している。

エンピツはこのスラットに溝を彫り、そこに芯を入れ、再び上にスラットをかぶせて接着する。これを六角形のエンピツの形に切断して、塗装すればできあがりだ。六角形にするのはデザイン的に優れるためではなく、持ちやすく転がりにくいということに配慮しているためだ。

2018年のエンピツの生産量は2億

本。少子化に伴い就学児童は減少しているが、エンピツの生産量は横ばいである。

ただ、気になるのが木軸の材料となっている「インセンスシダー」の伐採量だろう。北アメリカで産出されるこの木は高さが30メートルにも達し、幹の太さも直径1メートルほどになる大木だ。

もちろん成長までには時間がかかるため、いくらエンピツの生産量が減っているとはいえ、伐採しすぎれば森林資源の枯渇も予想される。

しかし、エンピツ業界では「アメリカでは伐採する以上にインセンスシダーを植えているため、将来にわたって資源がなくなることはない」としており、十分な対策がとられているという。

ところで、エンピツには、「色エンピツ」もあるが、これは黒鉛の代わりに顔料やワックスなどを使い、芯は黒鉛のように焼き固めないで乾燥させている。これによって紙に色がつきやすい硬さにしているのだ。

日頃、何気なく使っているエンピツもその流れを追うと、米・中・独などの材料が〝一本化〟されているのがわかる。

そもそも、「色鉛筆」はどうして丸いのか

幼稚園や小学校で絵を描く時に使うのが色鉛筆だ。大人になっても、趣味や仕

事として使っているという人も多いだろう。

　おおかたの色鉛筆の形は丸く、六角形や三角形をしている鉛筆とは明らかに違っている。そこには、色鉛筆ならではの事情があるのだ。

　色鉛筆の芯には、色をつけるための顔料や染料、さらに柔らかくするための鉱物やロウが使われている。これらの特徴として熱に弱いということが挙げられる。

　黒い鉛筆は芯を高温で焼くことで強度を上げることができるが、熱に弱い原料を使っている色鉛筆は、熱処理ができないためにどうしても折れやすくなってしまうのだ。

　そこで、少しでも強度を増すために丸い形が選ばれているのである。円は強度を保つためには最適の形なのだ。

　しかし、いくら強度を増しているとはいえ、色鉛筆の芯がもろいのは変わらない。

　丸い形は転がりやすく、落としやすいというデメリットもある。色鉛筆を使う時は、折れやすいということを頭に入れて使いたいものである。

「ピアノが一番売れるのは4月」というのは本当か

　4月といえば新入学のシーズンだ。真新しいランドセルを背負った新一年生が、

「友だち何人できるかなァ」とちょっと不安になりながらも、始まったばかりの小学校生活に胸を膨らませて登校する姿はなかなか初々しいものである。

ところで、この入学シーズンで、子ども以上に張り切っているのが親だ。少子化を迎えた日本人の合計特殊出生率は1・42人（2018年）と、1人っ子の家庭が多くなっており、そのぶん子どもも1人当たりに対する支出額も増えている。

なかでも、教育に対する投資となるといっそう積極的になるようで、家計をやりくりして学習塾や水泳、英会話などの習い事に通わせようとする親も多い。

この教育熱心な親と密接な関係があるのが「ピアノ」である。楽器業界では「4月になるとピアノが売れる」というのが昔からのジョーシキとなっている。

大手玩具メーカーが3〜6歳の子どもを持つ親に、いま習っている習い事を聞いたところ、なんとピアノが水泳、学習塾につぐ3位にランキングされている。

日本人はこれほどのピアノ好きだから、入園入学や新学期のシーズンとなると親がピアノを買い与えることも珍しくない。このため、4月は楽器メーカーにとってはまさに書き入れどきとなっているのである。

ちなみに、日本で最もピアノの生産量

が多いのは、メーカーが集中している静岡県で出荷量・出荷額とも1位だ。それでは、さぞや春先の景気はいいのではないかと思ってしまうが、実はそうでもない。

1980年をピークにピアノの生産量が減少しており、業界は今「冬の時代」を迎えている。2016年は3万5826台の出荷量で減少傾向にある。つまり、昔ほどピアノは売れなくなってしまったのだ。

猛暑になると「ダンボール」が売れるってホント?

季節に関係なく、地球温暖化の影響とみられる異常気象が続いている。なかでも特に肌感覚で実感するのが夏の猛暑だ。

北海道が沖縄よりも暑い日があったり、最高気温が40度に届く日があることも珍しいことではなくなった。そうなってくると、売れ行きがよくなるのが清涼飲料水やビール、そしてエアコンだ。

清涼飲料水の市場はじわじわと拡大していて、市場規模は5兆円を超えている(2018年)。

また、エアコンも猛暑になると予想されると買い替え需要が増えるため、購入してから取りつけまでにかなり待たなくてはならなくなる。

猛暑はイヤだが、厳しい暑さが消費を

けん引することはたしかで、７〜９月の平均気温が1度上がるだけで家計の消費支出は３０００億円以上プラスになるというデータもある。

だが、猛暑の恩恵を受けるのは清涼飲料水メーカーや家電メーカーだけではない。じつは、ダンボールの販売量も確実に伸びているのだ。

自動車の「スピードメーター」はなぜ時速１８０キロ設定？

日本では一般道で時速60キロ、高速道路で時速１００キロと自動車の法定速度が決まっている。

もちろん、この法定速度をオーバーすればスピード違反で捕まることになる。だが、それにもかかわらず国産自動車のスピードメーターの目盛が１８０キロまであるのはどうしてなのだろうか。日本でそんなスピードを出してはいけないのにムダではないだろうか。

じつは、日本自動車工業会に参加している国内自動車メーカーの自主規制により、国産自動車のスピードメーターは時速１８０キロと規定されているのだ。

時速１８０キロとした根拠のひとつは、高速道路を走行している際に勾配のきつい上り坂を時速１００キロで走るには、平地において時速１８０キロで走ることができる能力が必要だからだという。

また、前述したように高速道路の法定速度は100キロと決まっているものの、それ以上のスピードを出している車も少なくない。

スピードメーターが法定速度の時速100キロまでしか表示されなかった場合、それ以上の速度で運転している人はいったいどのくらいのスピードを出して走っているのかわからなくなってしまう恐れがある。

そこで180キロまでの表示があれば、スピードを出し過ぎているなと運転手も認識できることになるわけだ。

また、海外ではドイツのアウトバーンなど時速100キロ以上で走行できる国も多い。

海外で日本車を販売する際にできるだけ仕様を変えないようにするためなど、いくつかの事情で時速180キロまでの表示になっているのだ。

折れた「野球バット」は加工されてある人気商品に……

プロ野球の試合では、バッターが豪快に振った木製バットがボキッと折れてしまうシーンを見ることがある。

野球の人気が高い日本では、プロ野球や大学野球の公式戦だけでも1年間に10万本以上の木製バットが使用されているという。もちろん折れるバットの数も相当な数にのぼる。

そこで、これらの折れたバットをそのまま捨ててしまってはもったいないということで、近年では箸メーカーによってそれぞれの球団のロゴを入れた箸にリサイクルされて販売されている。子どもはもとより、野球ファンの人気を集めているのだ。

しかも、箸の収益の一部はＮＰＯ法人「アオダモ資源育成の会」に寄付されるというしくみになっている。

野球のバットの原材料となるアオダモは、モクセイ科の温帯性広葉樹である。北海道産のアオダモはバットの原材料として最良なのだが、成長が遅く成木からは数本のバットしかつくれない。良質な木製バットを安定供給するにはこのアオダモの植林活動が重要だからだ。

現在は箸だけでなく、箸置きや木製ボールペンなどにもリサイクルされシリーズ化されている。

折れたバットはその使命を終えたあとでもその姿を変えて、アオダモの育成活動と日本野球の未来を支えるために役立っているのである。

冷凍食品が食卓に並ぶまでの気になる「流れ」

10月18日は何の日かご存じだろうか。実は業界団体が決めた「冷凍食品の日」

なのである。

なぜ10月なのかというと、それは食欲の秋にあたり、18日というのは冷凍食品の管理温度がマイナス18度になっていることから決めたそうだ。

この冷凍食品が消費者の手に届くまでの流通経路は比較的わかりやすい。まず、商社が海外産の農水産物を冷凍食品メーカーに供給すると、それをメーカーが冷凍食品に加工して、卸売業者経由でスーパーなどの小売店に販売する。

また、商社が原材料ではなく商品化した冷凍食品を輸入したときは、そのまま卸売業者に販売することになる。

冷凍食品は一般の消費者だけでなく学校や居酒屋、あるいはレストランなどがいわゆる業務用としても購入しているが、この場合は卸売業者の次に2次卸売業者が入って販売をすることもある。

出荷量はこの業務用が圧倒的に多い。その割合は消費者向けの3割に対し、業務用が7割になる。スーパーで買い物のたびに冷凍食品を買っている人も多いだろうが、冷凍食品の消費量はレストランなどのほうがずっと多いのである。

この市場は流通がわかりやすいというためでもないだろうが、国内の大手メーカーに加えて、海外から参入してきた大手企業もあり競争はかなり激しい。

業界団体の調べによると2018年の

冷凍食品の生産量は158万トンで、金額にして約7000億円となっている。

　これに海外から輸入される冷凍野菜の約100万トン、調理冷凍食品輸入量約25万トンを加えると、年間290万トン近くが日本人の胃袋に収まっていることになる。

　ところで、冷凍食品の中で何が一番売れているのかというと、1位「コロッケ」、2位「うどん」3位「チャーハン」の順である。

　冷凍食品が初めて日本に登場したのは1930年。その後は冷凍設備の向上などにより市場規模をどんどん拡大させており、今では冷凍食品のない食生活など考えられなくなってしまった。

　今後も新しい冷凍食品が続々と開発されていくだろうが、そうなるとほとんどの料理が冷凍庫に〝在庫〟できるようになりそうだ。

イチゴには流通の常識が通じないといわれる理由

　イチゴといえば、ひと昔前まで4～5月の季節の到来を告げる果物だった。

　甘酸っぱい香りが口の中一杯に広がって、さわやかな季節が来たことを教えてくれたものだ。それがハウス栽培がほとんどとなった今は、1年中イチゴを食べることができるようになった。

イチゴはリンゴやカキなどと同じように、生産者が卸売市場を通すことで消費者の手に届く果物だが、卸売市場を通さずに小売店や消費者に直接販売する産地直送も多い。

その理由は、イチゴは傷みやすいことにある。パックに入ったイチゴを見ればそれがわかると思うが、少しでも上から重みがかかると果肉が圧迫されてふっくらとした丸みがなくなり、しかもそこが変色してしまうのだ。

このため、商品価値を失わないようにするには、あまり長くない流通のほうがいいのである。

ところが、通常のルートでは摘み取られたイチゴは集荷した後に卸売市場に運び、それを買いつけた小売店がさらに店まで運んでから売るため、いくら注意していてもイチゴの入ったケースが揺られるなどして傷む可能性がある。

そこで、生産者は少しでも傷みを遅らせようと、卸売市場向けのイチゴは完熟する前のまだ堅いものを摘み取っているのである。

生産者に言わせると「ヘタに近い部分が青いうちに出荷するのが常識」なのだという。

つまり、消費者に完熟したイチゴを食べてもらうには、スーパーなどに直接売るほうがよりいいということになる。

イチゴが最も多く流通する時期は12月から3月にかけて。なぜなら、クリスマスから3月のひな祭りまでに最も需要があるからだ。

また、冬にイチゴが売れる理由は、ほかの果物が豊富に出回っていないことや、寒いときに熟したイチゴは糖度が高くておいしいということもある。生産者にしても気温が低い冬はイチゴが傷みにくく販売もしやすい。

今では国内でイチゴの生産が少なくなる7～11月になると、アメリカ産のイチゴが空輸されている。味のほうは国産より「すっぱい」らしいが、これも意外と人気商品となっている。

また、加工用原料の冷凍いちごの半分は中国から輸入されている。

なぜか国産品優位が揺るがない学生服業界のウラ側

住宅地の中にある商店街に洋品店が1軒。薄暗い店の中をのぞくと、ジャージやトレーナー、靴下などがうずたかく積まれている……。

思わず、「お客さんは入っているのだろうか？」とよけいな詮索をしてしまいたくなるが、実はそんな店が確実な顧客を持ち、ひそかに売り上げを上げていたりするのである。

その理由は「学校指定業者」だから。

つまり、近隣の小中高校の制服や体操着などの販売をほとんど独占的にその店だけが引き受けているのだ。

そのうまみといったら、Tシャツ1枚500円、サラリーマンのスーツ1着1万9800円というアパレル業界の激安の時代に、学生服ばかりが値崩れしないことからみてもわかるだろう。

学校指定業者によると、公立中学高校で使用する学生服のこのところの相場は、男女いずれも上着とズボン、またはスカートの揃いで3万~4万円というところである。

一人ひとり採寸したうえでのイージーオーダーとはいえ、なぜこんなに高いのか。その背景には、特殊な生産体制と流通経路がある。

今やそのほとんどを海外生産するお父さんたちのスーツに比べ、息子の学生服はほとんどが国内産だ。なかでも全体の7~8割のシェアを占めているのは、昭和30年代の昔から今までずっと岡山県なのである。

ある学校指定業者は「制服はほかのものと違って1着たりとも納期を遅らせることはできないから、慣れたところのほうがいい」と、国内業者だけに発注する理由を説明するが、2月から3月初めにかけての合格発表から入学決定までの4月初めまで1か月はある。どの国の下請け工場に発注したとしても、それほど厳しい納期ではないだろう。

つまり学生服は、製造から小売店まで業者がまったく変わらないおかげで流通過程ががっちりと固定されたルートで守られているのだ。

そのため入学式に制服が間に合わない事態は生じないものの、格安販売業者の入り込むスキもないらしい。

ちなみに、３万〜４万の価格差は、服地の素材と小物の量で決まるらしい。

たとえば、ウール50パーセント、ポリエステル50パーセントの学生服に対し、ウール１００パーセントのそれは合計販売価格で５０００円ほど高い。

「おみくじ」の生産でシェアナンバー1を誇る神社とは

たいして信心深い人でなくても、初詣などで神社を参拝した時につい引いてしまうのが「おみくじ」である。たいていどこの神社にもあり、お守りなどと並んで神社の貴重な収入源のひとつになっている。

ところで、このおみくじはそれぞれの神社がつくっているのではなく、全国で製造しているところはわずかだという。

なかでも全国のおみくじの約7割をつくっているのが、山口県周南市にある二所《にしょ》山田《やまだ》神社が設立した「女子道社」である。

女子道社でおみくじをつくるようになったのには、明治時代の日本で男尊女卑の思想が根強かったことが背景にある。

当時、二所山田神社の宮司だった宮本重胤《しげたね》は女性の自立と地位向上を目指し、「大日本敬神婦人会」という組織を設立した。その機関誌として『女子道』を創刊したが、その活動を支える資金源としておみくじづくりを始めたのだ。

このアイデアは全国の数ある神社のニーズとみごとに合致し、各神社は収入源のひとつとしておみくじを取り入れることにしたという。女子道社のおみくじは占有率で全国トップになったというわけである。

ちなみに、女子道社ではおみくじの自動頒布機も考案している。

1年の運勢を占うおみくじは、日本の女性の自立のためにひと役買ってきたというわけだ。

その「墓石」はどこからきたか知っていますか?

若いときはまったく考えたこともないのに、熟年になってくると気になりだすのが自分の入る「墓」のことである。

とはいえ、いざ墓石を買おうと思うと戸惑うのが値段の差だ。

なにしろ墓石の値段は数百万円するかと思えば、その一方で数十万円と安いものまである。

ところで、それほど石質に違いがあるのだろうか。いったいこの価格の差は何なのだろう。

実は、この価格の差は墓石の流通の違いによるものだ。現在、墓石として最高級品といわれているのは香川県の庵治町の御影石《みかげいし》で、キメの細かい表面に石英や長石それに雲母の結晶が美しく輝いている。

ところが、素人目ではこれとまったく同じに見える御影石が、10分の1安い値段で売られている。もちろん、それは香川産などではなく海外から輸入されている石である。

今では国産よりも、中国やスウェーデンなど海外からの輸入の方が多くなっている。

墓石は海外の採石業者が切り出した石を日本の商社が買いつけ、それを国内の石材店が仕入れ、墓石に加工して墓地に納めている。国産の場合は採石業者と石材店との間に卸売業者が入ることもあるが、今では直接仕入れて墓石にしていることも多い。しかし、それでも日本の石は高いのだ。

この墓石の注文だが、消費者が直接石材店に頼むより寺を通すことのほうが一般的となっているようだ。

できれば何軒か石材店を回って安い店

を選んだり、あるいは複数の店に見積もりを取って比べたりしたいところだ。

一生に一度の大きな買い物だけに慎重に考えたいところだが、この墓石選びで留意する点は、まず石の硬度が高いことである。

そして、石も水をまったく吸い込まないわけではないので吸水率の高い石も敬遠したほうがいい。これは外国産も国産も同じだ。

墓石に使われる石は全部で３００種類以上もあるとされており、見た目の美しさや価格の安さで選ばず、石材店に墓石の話を聞きながらじっくりと選ぶのがいいようだ。

「自動車」に、あえて半ドア機能がついているのは？

自動車のドアを閉めるときにはけっこう力が必要だ。ちゃんと閉めたつもりでも、メーターパネルに半ドアの警告ランプがついてしまうこともある。このサインが表示されたら、もう一度ドアを閉め直さなければならない。

現代の技術を使えば、もっとスムーズにドアが閉められるのではないかと疑問に思うところだが、安全性を考えるうえで半ドアはなくてはならない機能なのである。

自動車のドアは二重ロックになってい

て、半ドアは一次ロックになる。閉まりかけではあるものの、簡単にドアが開いてしまうことはない。

だが、ロックがひとつだけだったらどうなるだろうか。もし、ドアが完全に閉まっていないことに気づかないまま走り出してしまうと、急にドアが大きく開いて中にいる人が車外に放り出されたり、隣の車と接触事故を起こす危険がある。

そうした危険性を減らすために半ドア機能はつけられているのだ。もっとも、半ドアは完全なロックではないので、そのまま走行すると危ないのはいうまでもない。

ちなみに、最近では半ドアになっても自動的にロックを完了するオートクロージャーという機能も登場してきた。安全性を高めるためとはいえ、いちいち閉め直すのが面倒だと考えているドライバーは多かったのだろう。

カット野菜をめぐる気になる話

カット野菜には1種類の野菜がパックされたものから、サラダ用、煮物用、炒め物用と数種類の野菜が入っているものまでそろっている。忙しいときなど、調理の手間を省いてくれるのでとても便利だ。

ところで、野菜は切ってから時間が経

てば変色したり、しなびてしまうはずなのに、市販されているカット野菜にはこうした傷みは見られない。

　これは新鮮さを保つための工夫が凝らされているためだ。

　店頭に並んでいるカットした野菜は、切られたあとに次亜塩素酸ナトリウムや次亜塩素酸水で洗浄されている。現在では比較的新しく認可された次亜塩素酸水の使用が増えているようだが、どちらも強い消毒・殺菌効果を持っているのが特徴だ。

　ただ、こうした薬品が使われていることは商品には表示されていない。というのも、殺菌処理をしたあとに水洗いしてすっかり薬剤を取り除くため、これらは加工助剤とみなされているからだ。

　加工助剤そのものは食品自体に影響を残さないとされているので、添加物としての表記は免除されている。

　薬剤を使用してはいるものの、これらは動物実験でも問題はないという結果が一応出ているので、それほど神経質になる必要はない。

　ただし、殺菌処理されているとはいえ、使う前にはもう一度水洗いしたほうがいいだろう。火を通す野菜ならば下ゆでするという手もある。

　いずれにしろカット野菜は丸のままの野菜より日もちがしないので、買ってきたらなるべく早く食べ切ってしまうことが肝心だ。

海外生まれの「SUSHI」が裏巻きスタイルな理由

古くは平安時代の書物にもその原型が登場しているといわれる寿司だが、いまやアルファベットで「ＳＵＳＨＩ」と書けば世界に通じる料理になっている。

日本の回転寿司チェーンのなかにはアジアをはじめ世界各国に出店しているものもあり、世界の寿司人気は私たち日本人の想像をはるかに超えている。

とはいえ、それだけ世界中に広まったがために、寿司ネタには各国の人々の好みに合わせてさまざまな食材が使われるようになった。

なかには日本人には意外なメニューも開発されており、そのうちいくつかは日本にも逆輸入されて気軽に楽しむことができる。

まずは、日本でもすっかりおなじみとなった「カリフォルニアロール」だ。名前のとおりアメリカ西海岸のカリフォルニアが発祥のこの巻き寿司は、アボカドやカニ風味のかまぼこを使っている。

また、ハワイで考案された巻き寿司の上にマグロやサーモンなどの具材を載せた色鮮やかな「レインボーロール」も日本でも目にすることができる。

どちらの〝寿司〟も味つけにマヨネーズを使っていることや、海苔を酢飯の内側に巻き込んだ「裏巻きスタイル」になっていることが特徴だ。

ほかにも、生の魚介類を口にする習慣の少ない欧米人に合わせたオリジナル寿司には、天ぷらを巻き込んだ「ダイナマイトロール」や、焼いたサーモンとともにカリカリに焼いた鮭の皮を巻き込んだカナダ生まれの「ＢＣロール」などがある。

ちなみに、海外で食べられている寿司といえば巻き寿司タイプのものがほとんどで、その多くが裏巻きスタイルをとっている。

これは欧米人が苦手な海苔の香りを隠すための調理法で、ふつうののり巻きに比べて簡単につくることができることなどがその理由とされている。

とにかく形を変えながらも、日本の食文化がこうして世界中に広がっている話を耳にするのはうれしいものである。

アイスクリームの鮮度を保つためのメーカーのひと工夫とは？

季節を問わず人気がある菓子のひとつといえばアイスクリームだ。国産から輸入ものまでバラエティ豊かに揃っていて、パッケージを見ながら味を想像するのも楽しみのひとつだろう。

ところで、このアイスクリームを作るときに一番影響するものは何だかご存じだろうか。それは実は素材の鮮度なのである。

刺身のような獲れたての魚を食べるのと違って、冷凍してある食品に鮮度などは関係がないように思うだろうが、実はそうではないのだ。

アイスクリームは牛乳とクリームやバターなどの乳製品を使って作られるが、どの原料も加工してもあまり変化することがないので、逆に鮮度が味に出やすいのだという。

たしかにそういわれてみれば、新鮮な牛乳で作ることをうたい文句にしたり、「作り置きはしません」と鮮度を強調するメーカーも見受けられる。

なるほど、アイスクリームは一種の「生鮮食品」なのかもしれない。このためメーカーの商品管理は徹底しており、新鮮な原料からアイスクリームを作ると製品はマイナス25度以下で保存される。そして、さらに卸業者や小売店に向けての出荷もマイナス18度以下が維持できる「冷凍車」で配送しているのだ。

ちなみに、アイスクリームを食べたときに口の中で滑らかに溶ける口当たりのよさは、中に含まれている乳脂肪分が影響している。

この中の「脂肪球」の大きさが均一で、

なおかつ大きさが2ミクロン以下と細かくなるほど、思わず「おいしい」という声が漏れるのだという。

では、日本人はどのぐらいアイスクリームを買っているのかというと、工業団体の調べによると一般にアイスクリームと呼ばれるものは、シャーベットなどを含み2018年で5186億円にも達する。

片や輸入ではどうなのかというと、最も多いのがニュージーランドだ。2018年は3242トンで、これが全体の5割近くを占めている。なお、輸入金額は約30億円だ。

アイスクリームは世界中で食べられているが、一番アイスクリームをよく食べている国もニュージーランドだ。年間で15リットルも食べており、これは日本人の2倍になるという。

誕生石の法則に見え隠れする業界のカラクリ

宝石を愛する女性は多い。たとえば婚約指輪は女性が最も贈られたいもののひとつだろう。かつて「給料の3カ月分」という宣伝コピーが有名になったが、同じ頃アメリカでは「給料の1カ月分」と宣伝されていた。

3カ月分の日本人のほうが気前がよさそうに見えるが、これは実は日本人の給料の額がアメリカ人の３分の１程度だったから。アメリカ人と同じ指輪を買うために日本人は３カ月働く必要があったのだ。

婚約指輪と同じように女性が欲しい宝石は、誕生石だ。自分を守ってくれるという意味もある誕生石は自分で買ってでも身につけたいと思う女性は多い。

この誕生石を考え出したのはアメリカの宝石業界だった。１９１２年のことである。

誕生石制定のもとになったのはＧ・Ｆ・クンツという鉱山学者で宝石学者が作ったリストだった。

クンツは『旧約聖書』や古いユダヤの風習などをもとに、各月ごとに誕生石を決めていった。これをもとに、アメリカの宝石業界は誕生石のリストを作り、世界に向けて発信したのである。

しかし、このリストはあくまでもアメリカの業界が自国の消費者の嗜好や生活習慣などをもとに作ったものであり、どの国にも当てはまるものではなかった。

当然、各国の宝石業界は、自国でよく売れる宝石や好まれる宝石、売りやすい宝石をリストに入れたがる。

そこでこのリストにはそれぞれのお国事情にしたがって手が加えられ、宝石の売り上げアップを目論んだ独自の誕生石リストができたのである。

日本の場合は、1月/ガーネット、2月/アメジスト、3月/アクアマリン、サンゴ、4月/ダイヤモンド、5月/エメラルド、ヒスイ、6月/パール、ムーンストーン、アレキサンドライト、7月/ルビー、8月/サードニックス、ペリドット、9月/サファイア、10月/オパール、ピンクトルマリン、11月/トパーズ、12月/トルコ石、ラピスラズリなどとなった。

3月のサンゴ、5月のヒスイ、12月のラピスラズリは、アメリカが作ったリストにはなかったものを、大正時代に日本の宝石業界がつけ足したものだ。

誕生石には深い意味があるが、それは買う人にとってだけでない。宝石業界にとっても別の意味で大きな意味があるのだ。

どんなロマンチックな法則も、そのウラには業界の意図が潜んでいるものだ。

人気の花束「カジュアルフラワー」誕生の秘密

花のある生活はたしかに理想だが、「いかんせん花は高い」というのが消費者の共通認識だろう。

とくに日頃、花になど縁のない男性の中には彼女や奥さんにバラの花束でも買おうとして、あまりの高さに目を丸くした経験を持つ人も多いのではないだろうか。

花の値段が高いのは、〝生モノ〟だからだ。花は鮮度が命のため在庫は抱えてもせいぜい３日程度である。つまり、生花店はロス率も計算して売値を設定しなくてはならないため、どうしても高額にせざるを得ないというわけだ。

しかし、これが流通ルートによって意外と値段に開きが出るというから花の世界もややこしい。一般的に生花は生産者から出荷団体（ＪＡなど）を通じて卸売市場へ出荷、セリによって仲卸業者（問屋）に流れ、最終的に生花店へと卸される。

この流れの中では、最終的な売値は仕入れ値の約３倍になる。そう聞くと粗利益の高さについ暴利をむさぼっているのではないかと思われがちだが、生産者から生花店にたどりつくまでに数カ所でマージンを抜かれることや、店頭の品揃え分のロス率などを考慮すると、このくらいの値段で設定しなければ商売が成り立たないのである。

だが一方で、最近は大型スーパーなどで５本３００円といった割安な花束が売られていることも多い。いわゆるカジュアルフラワーと呼ばれるものだが、ここではなぜ安価な設定が実現するのか。

この手の花束は、実はセリ余りの規格外商品だ。キズがついていたり長さが不揃いだったりして料亭や慶事では使えないが、家庭用としてはまったく問題がないためスーパーなどが同じルートで安く大量に仕入れているというわけだ。

もちろん生花店が独自のルートを確保し、生産者からダイレクトに仕入れる場合もある。

これは生産者が海外の場合も同じで、たとえばオランダ産のチューリップが日本に持ち込まれる場合は輸入業者を通じて市場に出され、ごく一般的な流通経路をたどるが、量販店などに直輸入できるシステムがあれば、産直品の格安のカジュアルフラワーが実現するのである。

日本では商品用の花は主に温室栽培だが、日本の気候風土を考えると比較的安定しているバラ以外は出来具合で値段が変動するのが常である。したがって最近ではオランダ、タイなどの輸入品やインターネットによるフラワーオークションなどの需要が高いようだ。

第4章

最新トピックから読み解く"大人の事情"

「都市のライトアップ」で浮かび上がった「ある問題」

モノを買うよりも、何かを経験することにお金を使う〝コト消費〟が増えている。インスタ映えする写真を求める消費者の心をとらえるべく、ライトアップやイルミネーションも全国各地で行われるようになっている。

ただ、そんな美しい光が自然界にとっては大迷惑になっていることもある。特にネオンが多い都会では夜でも真っ暗になる時間がほとんどなく、植物は常に何かしらの光を浴びている。

これを〝光害〟というのだが、自然に及ぼす影響はかなり深刻なのだ。

多くの植物は春になると芽吹き、夏に向かって新緑が色めき、秋には紅葉して冬に散る。そして、また春になると新しい芽を出すというサイクルを繰り返しながら生きている。

日光を浴びる時間を自ら計算しながら芽を出したり、花を咲かせたりしているのである。

だが、年がら年中光を浴びていると、それが狂ってくる。もう十分に日光を浴びたと錯覚して春でもないのに芽が吹き出すと、若い葉をエサにしている幼虫の孵化する時期がずれて幼虫が育たなくなる。

そして、その幼虫を捕食している鳥や昆虫の数も減る。そうなると昆虫のエサである蚊が大量に発生し、感染病が蔓延する危険性があるのだ。

そういえば、毎年東京の桜は関東地方のどこよりも早く咲く。人間があまりにも多くを求めすぎると、逆に自分の首を絞めることにもなりかねないのだ。

人口減少社会日本が悩む「都市のスポンジ化」ってナニ？

東京都内やその近郊を歩いていると空き家に出くわすことは少なくない。なかには昭和の時代に建てられた一軒家で新しくはないものの、まだまだ住めそうなのに人の気配もなくポツンと佇んでいる空き家も多い。

都内だけでなく、日本全国の都市ではこのような空き家が増える「スポンジ化」が進んでいるのだ。

1960〜70年代の高度経済成長期、都市には多くの若者が集まり、こぞって近郊に居を構えた。

だが、その年代が歳をとって故郷に戻ったり、あるいは亡くなったりすると、その家を継ぐ者がいなくなった。こうしてマイホームは取り壊されることもなく放置されているのである。

しかも、これは急激な人口減少を招いている日本だけの現象だといわれており、このままだと都市はまさにスポンジのように蝕まれてしまうというのだ。

もちろん、すでに本格的な対策を講じている自治体もある。

たとえば山形県の鶴岡市では、建設関係の業者や司法書士など専門家を集めてNPO法人を設立し、空き家や土地を整理して暮らしやすい住宅地にして生まれ変わらせている。

気づいたら街中が空き家だらけ、という未来はすぐそこまで来ているのだ。

便利な「テレビ会議」が今ひとつ広まらないのはどうして？

ＩＴ企業のみならず、さまざまな企業でオンライン会議が行われるようになっている。インターネットの環境さえ整っていれば、世界中どこにいても会議室のモニターをテレビ電話でつないで会議に参加することができてとても便利だ。

また、わざわざ会議のためだけに会社に行く必要がなくなるので、在宅で仕事をするテレワーカーにとってもメリットは大きいだろうと思われていた。

ところが、実際にはオンライン会議はテレワーカーにはあまり歓迎されていないようなのだ。その理由のひとつが、「カメラ映り」だ。

オンライン会議では、パソコンやスマホに向かってしゃべっている自分の映像と音声が、会社の会議室のモニターに映し出される。

5インチのスマホで相手の顔を見ているのに、自分の顔は大画面いっぱいに映っていたりするのだ。

それを知ってしまうと、特に女性はオンライン会議への抵抗感が一気に高まる。せめていつも通りの顔に写っていてほしい…と緊張し、会議どころではなくなってしまうのだ。

SNS映えを気にする人が増えているこの世の中で、自分の映りをチェックすることができないテレビ会議はプレッシャーでしかないらしい。

「ワークマン」が一躍ポストユニクロに名乗り出たワケ

ユニクロ、H&M、ZARAなど、国内外のブランドによってファストファッションはもはや「安かろう悪かろう」ではなく、プチプライスでおしゃれを楽しめるとして市民権を得ている。その令和元年のファストファッション市場にさっそうと参入したのが「ワークマン」だ。

ワークマンといえばもともと作業着専門のメーカーであり、職人仕様の洋服は機能性が高い一方で、おしゃれとは真逆のイメージでとらえられてきた。そんなワークマンが、ポストユニクロの急先鋒として注目されているのである。

ちなみに、都内のショッピングモールに出店した「ワークマンプラス」と名づけられた新店舗には、雨や風に強く、機能性も高くて動きやすい製品がところ狭しと並ぶ。しかし、実はこの店舗に並ぶのは、従来のワークマンに置かれている製品とまったく同じものだというのだ。

店内に置かれた製品は、ワークウェアという位置づけで、アウトドアとタウンウェアの中間に位置するものだという。アウトドアブランドに負けない機能性を持ちながら、価格はお手頃というそのコンセプトは、キャンプやツーリングなどというライトなアウトドアレジャーを楽しむ層や、適度な機能性を求めるユーザーに受け入れられた。

面白いのは、「滑らない靴」がSNSで話題になってマタニティグッズとしてヒットしたり、建設現場で使っているレインスーツがオートバイに乗るライダーたちの中でヒットしたりと、ワークマンの製品の機能性に注目したユーザー主導の展開がなされたことだ。

顧客の目が肥えて、メーカーのお仕着せではない観点で商品を選ぶのが当たり前になった現在、結局のところ、しっかりとしたコンセプトで開発された製品はいずれ誰かが見つけ、それがヒットにつながるということなのかもしれない。

開催国によって
オリンピックのメダルはどう変わる？

オリンピックで活躍したアスリートたちに贈られるメダルには大会ごとに特徴がある。しかし、開催地のオリンピック委員会が自由に作っていいわけではなく、じつは規定があるのだ。

まず、大きさは直径70〜１２０ミリ、厚さ３〜10ミリで、重さは５００〜８００グラムと決められている。

また、素材としては１位と２位のメダルは銀製、少なくとも純度１０００分の９２５、そして１位の金メダルは少なくとも６グラムの純金で金張りと定められている。つまり、１００％純金ではないのだ。

純金でないのは、金が高価なために開催国によって経済的に不利になるのを避けるためである。

もしもすべての金メダルを純金製にすると、金メダルの製作費用だけで数十億円もかかるといわれる。そんな事態に陥るのを避けたわけである。

また、デザインにも規定がある。夏季大会の場合は、表が「パナシナイコスタジアムに立つニケ像（勝利の女神）」と「大会の正式名称」、裏が「競技の名前」と「大会エンブレム」と決められている。

さらに「文化的で美的な要素と大会ビジョンを踏まえたデザイン」という規定も重要だ。

さらに、形についても「原則として円形」とされている。ただ、これはあくまでも原則であり、じつは1900年のパリ大会では、長方形のメダルが採用されている。

なお、2020年に開催される東京オリンピックのメダルは、「都市鉱山からつくる！ みんなのメダルプロジェクト」をもとに、使用済み携帯電話などの小型家電を全国から集め、それらから抽出された金属を利用して作られている。

このような大掛かりなプロジェクトによって家電がリサイクルされ、メダルに生かされたのは五輪史上初である。

「ボジョレー・ヌーボー」が毎年木曜に解禁されるのはなぜ？

毎年秋になると盛り上がるのがボジョレー・ヌーボーだが、解禁日は例年11月の第3木曜と決まっている。これにはどんな理由があるのかご存じだろうか。

ボジョレー・ヌーボーとは、フランスのボジョレー地区で、その夏に収穫した「ガメ」という品種のぶどうで作られた新酒のことだ。

寝かせて熟成させる一般的なものと異なり、フレッシュさがウリとあって、もともとは地元でガブ飲みされるテーブルワインのひとつだった。

ところが、品質が上がるにつれて需要が高まると、醸造家は我先にと出荷を急ぐようになった。そこで政府は品質低下防止のために、「聖人の日」である11月11日よりも前に販売してはいけないと決めたのである。

しかし、解禁日を固定すると、今度は曜日との兼ね合いによっては売り上げに影響が出ることが問題になった。その結果、解禁日は11月の第３木曜に移行されたのである。これが１９８４年のことだ。

ちなみに、日本にボジョレー・ヌーボーが輸入されるようになったのはこの翌年の１９８５年のことで、年々盛り上がるバブル景気とともに市場も拡大した。

さっぱりした口当たりと和食が好相性という理由もあってか、いまだに日本は世界最大のボジョレー・ヌーボー消費国なのである。

なぜわざわざ「姻族関係終了届」を出す人が増えている？

雑誌の特集などでは家の中にある不要なものを整理してすっきりと暮らすことが提唱されたりするが、最近ではそれが人間関係にまで及んでいるという。

その一環かどうかはわからないが、最近「姻族関係終了届」を役所に提出する人が増えているようだ。

姻族関係とは、婚姻と同時に結ばれる配偶者の親や兄弟姉妹など三親等内の親族との関係のことで、離婚しない限り継続していく。たとえ夫に先立たれたとしても、その家族との関係は続いていくのだ。

しかし、配偶者の死をきっかけに自由になりたいと思う人もいる。義父母とうまくいっていないような場合なら、なおさらパートナーが亡くなった後もその家に縛られたくないと思うだろう。

そんなしがらみを誰にも知られることなく、断ち切ることができるのが姻族関係終了届なのである。

いったん届けを出してしまえば、義父母や義兄弟と同居していても扶養義務を負う必要がなく、自分の子供の戸籍や相続にも何ら影響はない。

しかも、届けを出したことが身内に通知されることもないので、密かにその関係を断ち切ることができるのだ。

夫亡き後に、ひとりで配偶者の家族に対する義務を背負わなければならないというプレッシャーから解放される切り札なのである。

敷金ナシ、礼金ナシの「ゼロゼロ物件」の損得のカラクリ

かつて賃貸物件を借りる際には敷金が家賃の2カ月分、礼金も同じく2カ月分というのが相場だったが、近頃では敷金ゼロ、礼金ゼロのいわゆる「ゼロゼロ物件」

も当たり前になっている。

引っ越しをするのにまとまったお金がない人からすればありがたい物件に思えるが、これにはもちろん裏事情がある。

まず、礼金ゼロについては空き室が増えてきたことが背景にある。そもそも礼金は大家さんへの〝お礼〟の気持ちとして支払っていたものだ。

慣例としてずっと続いてきたが、空き室が増えてきたことで礼金をゼロにしてでも入居してもらったほうが大家さんには得なのだ。

だから礼金ゼロについてはそれほど心配ないのだが、敷金ゼロについては注意が必要である。

敷金はいわゆる保証金のようなものだ。賃料が支払えなくなった場合や、退去する際に現状回復義務として住んでいた部屋を修理する必要があれば敷金から清算される。

一方、敷金ゼロだと、退去時に修理代やクリーニング代を請求されることもあり得る。退去時の費用がどのような取り決めになっているか確認したほうがいいのはいうまでもない。

また、家賃を数日滞納しただけで違約金を請求されたり、退去時に高額な修理代を請求されたりといったトラブルが発生することもある。

広告には敷金ゼロと表示していても、実際には〝保証金〟と名目を変えて請求されるケースも存在する。しっかりと契約内容に目を通して、納得してから契約することが大切だ。

いずれにしても、敷金ゼロ、礼金ゼロの物件は賃料が相場より高めに設定されていることも多い。入居時にタダで契約できるからとうかつに飛びつくと後から高くつくこともある。

引っ越し、お店…「ドタキャン問題」の正しい読み方とは？

引っ越し費用を見積もる比較サイトで業者を探して、見積もりも契約もスマホでポチッ。そんな利用者にとっての気軽さが企業の首を絞めている。

インターネットで簡単に見積もりや契約ができるようになってから、ギリギリになってドタキャンされるケースが増えているのだ。

電話で引っ越し業者の担当者と話をしながら直に契約を結ぶと、契約した相手がいることを意識してかキャンセルしづらいという心理が働くが、ネットだと人間相手という意識が薄くなる。

そのため、直前にさらにいい業者が見つかると客は新たにそっちと契約してしまい、先に契約していた業者はすでにトラックやアルバイトの手配がすんでいるにもかかわらず、突然キャンセルされてしまうことになるのだ。

そこで、国土交通省は現在20パーセント以内と定めている引っ越し当日の解約料の上限を50パーセント以内にまで大幅に引き上げた。

引っ越し業は国土交通省の「引越運送約款」などでルールが決められていて、基礎運賃や基礎作業料金もそのルールに従わなければならない。

当日のキャンセルを減らしたいからといって、業者が勝手に解約料を引き上げたりすることもできない。だから、国が対策に乗り出したというわけだ。

ただ、引っ越し業のように国が対策に乗り出してくれる業界はいいが、同じようにドタキャン被害に悩まされている飲食店などは店主の判断で損害を防ぐほかないのが現状だ。

「モーニング文化」を生んだ名古屋の〝お土地柄〟とは？

忙しい朝とはいえ、朝食はしっかり食べてエネルギーを補給してから1日をスタートしたいものだ。喫茶店でコーヒーとトーストのモーニングセットを利用する人もいるだろう。

ところが、朝食メニューであるはずのモーニングセットをなんと朝の時間帯だけでなく1日中食べることができる喫茶店がある。

「1日中モーニングサービスつき」という驚くような看板を掲げて一躍有名になっ

た喫茶店は愛知県名古屋市にある。

この店をはじめ、名古屋の多くの喫茶店で提供されているモーニングセットの基本は、飲み物を頼むとパンと卵が無料でついてくるというものだ。

しかも、パンを食べ放題としている店があったり、サラダや名古屋名物の赤だしの味噌汁、ソーセージやコロッケなどもセットにしている店もある。名古屋に行けばコーヒー1杯の値段で、ボリュームのあるモーニングにありつけるというわけだ。

名古屋に本店があるコメダ珈琲店が全国展開をしていることで、名古屋の「モーニング文化」も全国的に知られるようになったのだが、なぜ名古屋の喫茶店はこれほどサービスが進んでいるのだろうか。

名古屋は古くから喫茶店の激戦区だった。そのため、お得なセットなど他の店舗と少しでも差別化を図ったさまざまなサービスが生み出されていったのである。

さらに、こうした名古屋のモーニング文化のようなお得なサービスは全国の飲食店にも広まりつつあるため、モーニングにとどまらず、夜の営業時間帯にランチメニューを提供する「夜ランチ」なるサービスもある。

夜ランチとはサラダからメイン料理までディナーセットをお得な値段で食べることができるもので、昼にランチを食べに来た客が夜のランチを食べに再び店を訪れているという。

「有機野菜」「特別栽培農産物」のラベルは何を意味する？

毎日の食事に野菜は欠かせない食材だが、最近はその生産過程にまで気を配る人が増えている。そんな消費者の気持ちを反映して登場したのが「有機野菜」や「特別栽培農産物」だ。しかし、これらにはどんな違いがあるのだろうか。

まず、有機野菜だが、農薬や化学肥料を使わなければ有機野菜を名乗れるかというと、これがそうではない。2001年4月にJAS法が改正され、「有機」と表示するには農林水産省の認定が必要になったのだ。

種まきや植えつけの2年以上前（多年生作物の場合は3年以上）から、農薬や化学肥料を使用していない田畑で栽培すること。また、遺伝子組み換えの種子や苗を使わないことや、栽培中も農薬や化学肥料を使用せず、周囲からの混入も防ぐことが定められている。こうした厳しい条件をクリアしたものだけが有機野菜と認められ、「有機ＪＡＳマーク」をつけることができるのだ。

一方、特別栽培農産物は有機栽培とまではいかないものの、こちらも農薬や肥料に配慮した野菜だ。農薬と化学肥料の使用量を慣行の半分以下に減らしたものだけが、２００４年から特別栽培農産物と認められている。

かつては基準値があいまいなまま「無農薬」「減化学肥料」「減農薬」などと表示されていたが、認定制度が設定されてからこのような表示は禁止されている。かわりに、無農薬なら「栽培期間中農薬不使用」と記すことができる。減農薬なら「当地比○割減」と明示する必要がある。

ただし、特別栽培農産物は農林水産省のガイドラインに沿って認定されるとはいえ、慣行の基準値は地方公共団体が設定しているので地域ごとに数値は異なる。ガイドラインでは、栽培方法とともに農薬の種類、用途、使用回数をセットで表示することになっているが、法的な強制力はないためセットでの表示になっていないことも多い。

それでも、農薬や化学肥料が少ないものを選びたいときにはひとつの目安になる。セット表示がついていたり、ホームページで閲覧できるようになっている場合はそれを参考にするのもいいだろう。

視聴者がモヤモヤする「山場ＣＭ」がなくならない理由

テレビのバラエティ番組などを観ていて、続きがすごく気になるというところでＣＭが流れるのはよくあるパターンだ。

しかも、ＣＭに入る前に「このあと衝撃の結末！」などと視聴者を煽るようなテロップを入れて盛り上げておき、ＣＭが終了して番組に戻るとＣＭ前の場面を再び繰り返して放映し、時間を稼ぐという構成も多い。

しかも、それだけ待たされた挙句、CM明けの結末は衝撃的でもなければ、とりたてて面白くもないこともあり、視聴者の中には不愉快に感じる人も少なくないのではないだろうか。

このように番組の山場に挿入されるCMを「山場CM」とか「CMまたぎ」などという。

この「山場CM」という言葉をつくった慶應義塾大学の榊博文教授らが行った調査でも、山場CMを不愉快と感じる人は86パーセントになるという結果が出ている。

つまり、ほとんどの人が山場CMに嫌気がさしているのだが、それでもこの手のCMがなくならないのにはワケがある。

それは、CMの時間帯に起きる視聴率がダウンするのを避けるためにほかならない。CMになると視聴率はどうしても下がってしまうが、番組制作サイドとしては「視聴率」こそが番組の命綱だ。視聴率さえ高ければスポンサーも離れず、その番組を担当している制作者の評価も上がる。

そのため、視聴者がどんなにうんざりしてようが、山場CMを多用してCM中も視聴者をひきとめようとするのである。

とはいえ、今では番組を録画してＣＭを飛ばして見る人も多い。やたらと山場ＣＭを乱用するとかえってテレビ離れが加速し、ＣＭはもとより番組自体を観てもらえないという本末転倒の結果にならなければいいのだが。

「謝罪会見」が増えている
ちょっと困った話

まだ芸能人が一般人とかけ離れたスター的存在だった頃は、婚約や結婚を報告するのにも豪華な金屏風の前で記者会見が行われたものだった。

しかし、芸能人が身近な存在になっていくにしたがって、このような会見の数は減り、〝ご報告〟はマスコミに送られるＦＡＸが主流になってしまった。

ところが、そんなご時世でも減っていないのが謝罪会見や釈明会見である。

しかも、最近では会見が開かれるまでには、ある一連の流れがあるのはご存じの通りである。

その流れとは、まず週刊誌が芸能人や政治家などの不倫や不正をスクープしたとの情報が流れる。それがテレビやネットニュース、ＳＮＳで拡散される。

そして、多くの人がスキャンダルの内容を〝予習〟した後に、ようやくその記事が掲載された週刊誌が発売され、会見という運びになる。つまり、視聴者は会見を観る前から内容について熟知しており、会見もその〝シナリオ通り〟に進行される。

会見で事実を知るというよりは、一種の見せしめのようになっているのだ。

そして、会見の模様は番組中に生放送で中継され、もちろん動画はネットにアップされる。いまや記者会見は、罪を犯した者への罰と化しているのである。

経済の視点で読み解く
「コミックマーケット」の全貌

コミックマーケット、通称「コミケ」は世界最大の同人誌即売会である。毎年、夏と冬の年2回、東京ビッグサイト（東京国際展示場）で開催され、開催期間の3日間で50万人以上を動員するという〝オタクの祭典〟だ。

さまざまなジャンルの同人グループであるサークルが一堂に会して自作の同人誌などを展示して販売するのだが、近年では著名人も参加して話題になっている。

ところで、これだけ大規模化しているコミケだが、参加サークルはそんなに儲かるのだろうか。

飛ぶように売れるというような話を聞くと、同人活動はかなり儲かるのではないか、と思えてしまうが、コミケで黒字が出るのはほんの一握りの人気サークルだけである。

人気のある大手サークルは「壁サークル」といわれている。そのサークルの同人誌を買うために行列ができるためコミケの会場で壁際に配置されるのだが、そうした壁サークルの中でもそれなりの利益が出るのはわずかだ。

というのも、同人活動にはお金がかかる。同人誌をコミケで売るには印刷費のほか、コミケへの参加費や、地方から参加すると交通費や宿泊費などもかかる。

これらの経費を回収して黒字になるだけの部数を売りたいところだが、そこまで売れるようになるのはなかなか難しい。実際には赤字や、よくてもかかった経費と売上げがトントンなサークルがほとんどなのだ。

それでも全国から多くの参加サークルがコミケに出展するのは、同人誌への熱い情熱があるからだ。「○○が好きだから」という強い思いがあるからこそ、仕事や学業の合間を縫って地道に活動を続けているのである。

選挙事務所といえば、どうして「為書き」なのか

日本の選挙には外国人も首をひねるおかしな習慣がいろいろあるが、選挙事務所に貼られている「為書き」もそのひとつではないだろうか。

為書きとは、選挙の応援ビラのことで、「激ビラ」「絵ビラ」とも呼ばれる。

テレビ中継などで選挙事務所が映ってもまじまじと見ることはないが、そこには

「祈　必勝　都議会議員候補　為　〇山×郎殿」のような文字が書かれている。つまり、候補者の応援の「為」に書かれたものだから「為書き」なのだ。

左側には送り主が記されるが、総理大臣や党代表、大物閣僚など知名度のある人であればあるほど価値も高くなる。

基本的には筆耕士《ひっこうし》などが筆文字で書いたものを印刷し、名前の部分だけ変えて各候補にばらまかれるのだ。

問題は、為書きを貼る場所である。

どこで誰が見ているかわからないので、当然、エライ人から順に目立つ場所に貼るのがお約束だ。そうでないと「自分のほうが立場が上なのに、なんであんな場所に貼られているんだ」などとケチをつける先輩議員がいたりする。

為書きの数は多ければ多いほどいいし、誰もが事務所内の壁に隙間なく貼りたがる。

「自分はこれだけの人に応援されています」「当選するにふさわしい人物なんです」などと、アピールするための重要なツールなのである。

朝ドラはいつから「連続テレビ小説」になったのか

毎回「ヒロインは誰か？」が話題になるのがＮＨＫの朝ドラだが、正式には「朝の連続テレビ小説」という。

テレビドラマなのに「小説」と称されている理由は、その成り立ちまでさかのぼる。

第2次世界大戦後の日本ではラジオ放送が娯楽の中心であり、朝のラジオから流れる「ラジオ小説」という番組が人気を博していた。

テレビの放送の開始に伴い、人気だったラジオ小説の手法を取り入れた番組をつくろうと「朝の連続テレビ小説」がスタートしたのである。

１９６１年には第1作となる「娘と私」が放送されている。

「娘と私」は1回20分という放映時間だったが、2作目の「あしたの風」以降、放映時間15分、放映期間半年、ナレーション多めという手法は現在まで変わっていない。

62パーセントを超える最高視聴率を叩き出した「おしん」をはじめとして、50パーセントを超える視聴率も珍しくなかった朝ドラだが、ライフスタイルの変化も反映してか、最近では20パーセント前後となっている。

とはいえ、相変わらずの人気ともいえる朝ドラは女性が主人公の作品で、時代も明治以降のものがほとんどだ。戦後以降、視聴者のニーズはさほど変わっていないようにも思えるのが興味深い。

「大河ドラマ」の主役が豊臣秀吉だと景気が上向く⁉

ＮＨＫの大河ドラマといえば時代劇の花形だ。放映が開始されたのは１９６３（昭和38）年だというから、かなりの長寿番組である。

そんなＮＨＫの大河ドラマには、放送関係者だけでなく経済界でも信じられている法則がある。それは大河ドラマの主人公が「豊臣秀吉」になると、景気が上向くというものだ。

大河ドラマは毎年１人の歴史的な人物にスポットを当て、その生涯をストーリーとして話が展開していくものだが、秀吉は「おんな太閤記」を除くと過去２回登場している。１回目は１９６５年の「太閤記」、２回目は１９９６年の「秀吉」だった。

ところが、なぜか秀吉が放映される時期は不況の真っ只中なのである。１９６５年は東京オリンピックが終わった直後で、１９９６年は平成不況が悪化の一途をたどっているときだった。

不思議と秀吉が放映されるようになると、その年の景気が回復するのである。太閤記の放送のときは、年の後半から景気がよくなり始め、２回目の秀吉ではその年だけ景気に減速感がなくなり、商品の売り上げが伸びている。

秀吉といえば貧しい一介の農民から身を起こし、その持ち前の明るさと機転の利いた知恵で、天下を取るまで戦国の世をひた走った人物だ。そして彼は金のシャチホコで居城の天守閣を飾るほどの〝金ピカ〟大好き人間でもあった。

こうした秀吉が持つ独特の雰囲気が不況下の消費者の気持ちをなごませ、景気に貢献したのかもしれない。

しかも、秀吉は地方でも経済効果を産み出している。たとえば、ドラマの放映と合わせるように１９９６年に長浜市で開催した「北近江秀吉博覧会」には、８ヵ月間で延べ82万人もの人たちが訪れ、地元に多くの観光収入をもたらした。

ちなみに、秀吉のみならず大河ドラマの舞台となった土地では必ずといってもいいほど、主人公をテーマにした展示会や博覧会が行われている。

１９９８年に放映された「徳川慶喜」では、地元の茨城県が水戸で「徳川慶喜展示館」をオープンさせると延べ１３３万人が来場し、２４０億円もの経済波及効果があったという。

さて、２０２０年の大河ドラマ『麒麟がくる』では、明智光秀の生涯が描かれる。当然、秀吉も登場するのだが、はたして景気への影響はどうなのだろうか、なんとも気になるところである。

他人が知らない
古紙リサイクルのしくみ

最近めっきり見なくなったのがちり紙交換車だ。ひと昔前は毎日のように街中を走っていたものである。

ところで、なぜ、ちり紙交換車が少なくなったのかというと、それは町内会や自治会などが古紙をまとめて回収する集団回収が定着してきたためだ。それだけ、古紙のリサイクルが世の中に定着してきた証拠だろう。

なにしろ、再生紙を使えばその分、木を切らずにすむ。地球環境を守るためにも古紙の再利用は不可欠なのだ。

ところで、資源ごみとして回収された古紙はどこに行くのだろうか。これらは、まず回収業者によって「ちり紙交換基地」などと呼ばれるところに集められ、それが古紙の卸売業者に収められる。卸売業者はまとめて運搬しやすいように古紙を梱包機で1トンぐらいの単位ごとに圧縮すると、それらを大型トラックに乗せて製紙メーカーに運ぶのだ。

製紙メーカーの工場に到着すると古紙は巨大なミキサーのような機械で砕かれ、一度水で溶かされる。そして、再生紙の用途によっては印刷物のインクを取り除き、再び新しい紙に生まれ変わるのである。

再生紙はトイレットペーパーや新聞紙、それに段ボールや絵本などさまざまなところで利用されている。

しかし、古紙の値段は一定ではない。これは製紙メーカーに供給する量がその時々で変わることと、古紙を利用する製紙の需要にも左右されることで価格が常に変動しているからだ。

では、古紙にはどのぐらいの需要があるのかというと、２０１８年の「紙・板紙生産量」は２６０９万トンだった。製紙原料消費量はパルプが約35パーセントで、古紙が65パーセントだ。古紙の使用量がいかに多いかがわかるだろう。

日本の紙の生産量は中国、アメリカに次いで3番目に多く、そのほとんどを国内で消費している。また、古紙は輸出も2000年以降急増しており、2018年は378万トンあまりが海外に売られている。

日本は古紙回収システムが整備されており、回収率は世界でもトップクラスである。

第5章

実際、**世の中**って どうなっているの？

イベントの人出は「並ばせて」数えている

初詣やコンサート、花火大会からデモ行進に至るまで、多くの人たちが一堂に会するイベントは1年を通じて各地で開催されている。

そこで必ず話題になるのが、「どれだけの人が集まったか」ということだ。チケットがあるイベントは別にして、それぞれが自由に集まるイベントで何万人もの数をどうやって把握しているのだろうか。

これは、イベント会場への入場の際に行われている「整列」にカギがある。

入場口へつながる列に並んでいると、主催者や会場警備のスタッフから「横に○列になってお進みください」という掛け声が掛けられることが多い。この○列を基準にして、おおよその数を掛け算して数えているのだ。

人数を把握することは、警備の上でも重要なポイントになる。安全確保に協力するためにスタッフの指示には素直に従っておこう。

なぜ、山手線の新大久保駅では「発車メロディ」を使わないのか

かつてはどこの駅でも電車の発車を知らせるために、無機質な電子音のベルが鳴っていた。しかし、ここ数十年でずいぶんと様変わりをしている。ベルではなく、発車メロディが使われるようになったのだ。

たとえば、ＪＲ品川駅の東海道線ホームでは「鉄道唱歌」が流れ、海浜幕張駅では千葉ロッテマリーンズの応援歌が使われるなど、駅ごとに使用するメロディもバラエティに豊んでいる。

ところで、ＪＲ山手線に発車メロディが取り入れられたのは１９９８年のことだ。外回りは「せせらぎ」を、内回りでは「春」を採用している駅が多いが、高田馬場駅では手塚治虫氏のプロダクションがあったことから「鉄腕アトム」のテーマソ

ングが流れる。

このように発車メロディが主流となった山手線で、いまだに発車ベルを使い続けているのが新大久保駅だ。その理由として挙げられるのは、外国人利用者の多さである。外国人にはベルでないと発車の合図がわかりにくいので、メロディを使っていないのだという。

ただし、絶対にメロディに変えないということではないようだ。そもそも、あの電子音は利用者や近隣の住民から耳障りだと不評だったため、柔らかな合図に変えようとしたのが発車メロディのはじまりである。

ちなみに、上野駅でも発車ベルだけを使用していたのだが、リニューアル工事に伴いメロディを使用するようになった。現在は発車ベルと、13番線の「あゝ上野駅」などのメロディを併用している。

発車メロディの使用が禁止されているわけではなく、どうやらメロディに変える必要がなかったというのが真相のようである。

今後、住民の要請しだいでは新大久保駅にも発車メロディが登場する可能性もあるわけだ。

自販機からたどる清涼飲料の「儲け」の秘密

「ソフトドリンク」とも呼ばれる清涼飲料には炭酸飲料、果実飲料、スポーツドリンクなどさまざまな種類がある。なかでも、売れているのが日本茶やウーロン茶などの茶系飲料だ。甘くなくさっぱりとした味が、幅広い世代の消費者に好まれているのだろう。

清涼飲料はスーパーや駅、コンビニ、それに自動販売機（自販機）でも売っていて、24時間場所を問わずに買って飲むことができる。それだけに清涼飲料の流通ルートは複雑だ。

まず、外資系の飲料メーカーの場合は、ルートセールにより小売店や飲食店などに直接販売している。また、国内大手メーカーの場合は清涼飲料だけでなくほかにも食品などを扱っていることが多いので、それら主力商品の販売ルートに乗せている。このため、多くの清涼飲料は工場を出荷すると特約店に納められ、そこから小売店に販売されるのが一般的な流れである。

もうひとつは、中小メーカーが販売するルートだ。ここにはふたつの流れがあり、メーカーが直販する清涼飲料と、卸売業者経由の清涼飲料とがある。

そして最後のルートが自販機ルートである。2018年の自販機の普及台数は清涼飲料用で210万台を超える。

外資系を含めた大手メーカーの売り上げのうち、自動販売機が占める割合は非常に大きい。街中を歩いていても自販機を見かけない場所がないほど普及しているのはそのためだろう。この自販機は、飲料メーカーが自販機を仕入れて流通させる場合と、自販機メーカーが販売業者を通して独自に販売していくケースとがある。

近年は自販機に住所表示のステッカーを貼り、自販機の普及率が非常に高いことを利用し、歩行者などが自販機を見ると自分の現在位置がわかるようにしている。110番通報などの緊急時や、所番地で訪問先を探すときに役立つことを狙っているのだ。

硬貨の投入口や返却口、商品の取り出し口にさまざまな工夫がされたユニバーサルデザインも一般的になりつつある。体の不自由な人や高齢者にとっても使いやすい販売機が増えているのだ。

また、清涼飲料のボトルで最も多いのがペットボトルだが、メーカーが回収してきたボトルの多くはリサイクルされている。

災害時には、自治体からの文字情報を表示したり、無料で飲料を提供できる「フリーベント機能」の導入も始まっているという。自動販売機は日本社会のインフラのひとつとして機能しているのである。

コインロッカーが100円入れないと使えないのは？

コインロッカーは硬貨を入れると鍵がかかるようになっている。当然のことながら、投入したお金はそのまま利用料として徴収されるしくみだ。

ところで、スポーツクラブや銭湯などには無料のロッカーが設置されていることも多い。これは100円を入れると鍵がかかり、使用後にはお金が返却されるようになっている。

どうせお金を戻すのだから、こんな面倒なしくみにしなくてもよさそうなものだが、100円を入れなければ使えないのには理由がある。

ひとつは鍵の持ち去り防止だ。

まったくお金を投入しないと鍵を持ち帰ってしまう人が増えるのだという。鍵の取り換えには2000～3000円もかかるため、無料でロッカーを提供する側にとってこれは迷惑以外の何物でもない。

しかし、たとえ100円でもお金を使っているともったいないと思うのか、持ち去る人が激減するのだ。

また、多くの人が使用できるようにとの配慮もある。勝手に使えるようにしておくと、いくつものロッカーを独り占めする客が出てくるかもしれない。ひとつのロッカーにつき１００円を入れるシステムなら、こうした独り占めも抑制できるわけだ。

無料のロッカーでも１００円を入れなければいけない背景には、利用者のマナー違反を防ぐという意図が隠されていたのである。

お客が知らない
モデルルームのタブーとは？

新築のマンションや住宅を買いたいと考えたときには、住宅メーカーのパンフレットや設計に関する出版物、またはモデルルームを見て検討材料にするものである。なかでもモデルルームは完成した部屋を実感しやすく、これが購入の決め手となったという人もいるだろう。

ところが、いざ入居してみると思っていたよりも狭いと感じることが少なくない。不思議に思うところだが、客の購買意欲を掻き立てるためにモデルルームは実物よりも広く見せなければいけないからだ。

もちろん、広さそのものに大きな違いはない。実は、部屋の中に置かれている家具やインテリアにカラクリがあるのである。

ただ眺めているだけでは気づきにくいが、モデルルームの家具は一般に販売されているものよりやや小ぶりなサイズになっている。あるいは、テレビやタンスなどは置いていないことも多い。

また、子ども部屋を想定した部屋に置かれているのは、すべて子どもサイズの机やベッドだ。ここに大人用の家具を入れたら、もっと窮屈な印象になってしまうはずだ。

生活必需品を通常の大きさですべて詰め込んで生活感を丸出しにしたら、客をその気にさせることはできない。あくまでも快適そうに見せることが肝心なのだ。

さらに、インテリアなどの専門家にコーディネートをさせて、部屋全体の調和も完璧に仕上げてある。色彩には統一感を持たせ、照明も間接照明などを多用して明るく落ち着きのある雰囲気を醸し出しているのだ。

これらが相まって、実際の部屋よりもぐっと広いと錯覚させる空間を演出しているのである。

「電話セールス」をめぐるウソのような本当の話

電話によるセールスは今も昔も王道の営業手段のひとつだ。

携帯電話の普及や在宅率の低下で成果は上がりにくくなっているが、それでも太陽光発電やマンションの販売などは、こうした地道な勧誘が実を結ぶこともある。

ただし、一方でしつこい勧誘による苦情が消費者センターなどに寄せられることも多く、トラブルに発展しやすいのも事実だ。ちなみに、電話のセールスは一度断られたら同じ家に再び勧誘の電話をかけてはいけないことになっている。

これは特定商取引法に定められているもので、相手が拒否をしたにもかかわらず、しつこく電話をかければ違反になる。仮に何度も勧誘したとして行政指導を受ければ、業務停止処分になることもあるのだ。

これは訪問販売でも同様で、一度断られた家に再度訪問はできない。それでも勧誘によるトラブルが存在するのは、この法律の消費者への浸透度が低いからである。「律儀に法律を守っているようでは商品は売れない」とばかりに、堂々と違法行為をする悪徳業者は後を絶たないのである。

食品売り場で〝ラットサイン〟を見つけたときの店員の心得

スーパーの食品売り場が抱える大問題のひとつにネズミの出没がある。だが、営業中の店内でネズミの糞や足跡などの〝ラットサイン〟を見つけたとしてもけっして大声を出してはいけない。

もし大声で騒げば、ネズミの存在がたちまち客の知るところになり、あっという間に「あのスーパーの食品売り場にネズミが出た」などという悪評が広まってしまうだろう。ネズミの出る店にわざわざ買い物に来る客はいないはずだ。

重要なのは、手際よく処理をすることだ。

ラットサインを見つけたらまず、すみやかに駆除業者に連絡するなどの対応策をとる。そして、日頃からネズミの食べこぼしや糞、通り道を示す黒ずみがないか、店内の点検をする際にチェックしておかなければならない。

また、安易に自分たちで駆除しようとして毒餌などを使ってはいけない。とくに食料品を扱っているスーパーでは、事故を防ぐためにも薬剤を使わずに処理することが大切だからだ。

たとえ店の外に毒餌を置いたとしても、客が連れてきた犬や近隣の猫が誤って食べてしまう可能性がある。あくまでもネズミの駆除は専門業者に任せるのが得策なのである。

一度立った悪いウワサはなかなか消えるものではない。ネズミが出るスーパーなどというイメージを持たれたら、売り上げダウンを覚悟しなければならないだろう。

たとえネズミが大の苦手でも、店員という立場であったら冷静に、そしてスピーディに対処しなければならないのである。

「その道のプロは犬の血統書を信用しない」の噂は本当か

ペットショップに行くと、ガラス張りの部屋に入れられた子犬や子猫の姿が間近で見られる。思わず連れて帰りたくなってしまうほどの愛らしさだが、値札を見るとおいそれと手が出せない価格がつけられている。

このようなペットショップで売られている犬や猫の値段が高いのは、〝血統書付き〟だからである。由緒正しい血筋であれば、高い値段がついていても客は納得して購入していくのだ。

ただ、なかにはそんな値札を眉につばをつけて見ている人もいる。それは、ほかならぬ同業のペットショップ関係者だ。

実は血統書というのはそれほど厳密な証明書というわけではなく、出そうと思えば誰でも発行することができる。そのため、同業者がつけている血統書をそのまま信用してはいけないというのが業界の常識なのである。

血統書の発行団体には、親の証明書の提出を発行の条件としていたり、血統が疑われる場合はＤＮＡ鑑定まで行うという厳密なところもあれば、自己申告で会費を払えば血統書を発行してくれるところもある。つまり、法的な規制がないのだ。

そのため血統書つきをうたっていても、よく見るとそのペットショップが発行したものだったりすることもある。

いかに立派な血統書がついていても、それを鵜呑みにしてはいけないのである。

〝遺伝子組み換え食品〟をめぐる気になる噂の真相は？

自然の交配に頼らず、バイオテクノロジー技術で遺伝子を操作して作ったものが遺伝子組み換え食品である。害虫に強い、除草剤の影響を受けにくいなど、生産しやすいように品種改良されたものである。

日本では商業的に生産されている遺伝子組み換え食品はないが、安全性審査をパスしたいくつかの食品が輸入されている。大豆やトウモロコシをはじめ、ジャガイモ、なたね、綿実、アルファルファ、てん菜、パパイヤの8種類の作物と、14品目の食品添加物がある。

国内の安全性審査だけでなく、海外でも厳しいチェックがなされているため、使用を許可された食品については食べ続けても健康に問題はないとされている。ただ、JAS法と食品衛生法によって、遺伝子組み換え食品やそれを使った加工食品にはその旨を表示することが義務づけられている。

たとえば「遺伝子組み換え」となっていれば、原材料として遺伝子組み換え食品が使われていることを示す。また、「遺伝子組み換え不分別」と表示されているものは、遺伝子組み換えと組み換えでない原材料を区別しないで使っているということだ。

ところで最近は、豆腐や納豆などの原材料欄に「大豆（遺伝子組み換えでない）」

という文字を見かけることが多い。これは義務づけられたものではなく任意表示なので、遺伝子組み換え食品を使っていないときには表示はしてもしなくてもいいことになっている。

ただし、表示がなくても、遺伝子組み換え食品が使われているケースもある。原材料のうち上位３位までで、全重量の５パーセント以上を占めるものだけに表示の義務があると決められているので、それ以下で使用されている場合には表示されないのだ。

また、しょう油や油のように加工の途中でＤＮＡやたんぱく質が分解・除去される食品についても、やはり表示は不要となっている。

動物園に動物が来るまでの知られざる「関門」

北海道の動物園がユニークな展示法で飛躍的に集客数を増やしたというニュース

が話題になったことがある。子連れファミリーの定番スポットの動物園も、ここ数年は軒並み集客難にあえいでいるのが現状だが、その理由はレジャーの多様化、アミューズメントスポットの増加などが挙げられる。やはり健全な娯楽施設として動物園には生き残ってほしいものだ。

そんな動物園で欠かせないものといえば、何はさておき主役の動物たちであるが、彼らはどのようにして動物園にやってくるのだろうか。

国内原産の動物であれば、野外で捕獲された野生動物、逃げ出したペット、ほかの動物園との交換などがある。では、海外から輸入する場合はどうか。ここで避けて通れないのは、野生生物の国際取引を定める「ワシントン条約」である。

ワシントン条約には3種のカテゴリーがもうけられており、オランウータンやジャイアントパンダなど絶滅の恐れがあり、取り引きを危惧される「附属書Ⅰ」、オウムやライオンなどの取り引きを規制しなければ絶滅の恐れがある「附属書Ⅱ」、カナダのセイウチやアジアスイギュウなど締約国が自国内保護のため他の締約国の協力を求める「附属書Ⅲ」に分かれる。

いずれにせよ、取り引きを行うにはいくつかの条件をクリアすることと、なおかつ取り引きする両国の許可証が必要になるのだが、動物園の場合は商用ではなく学術目的として取り引きされるので、比較的問題なく許可が下りる。

しかし、ペットショップや動物プロダクションといった商業目的の動物取扱い業の場合は、自治体や取り引き相手と綿密にコンタクトを取って申請する必要がある。とくに日本では「附属書Ⅲ」に該当する種を個人が輸入することはできないようになっている。

また昨今では、動物が原因の伝染病も懸念されているため、厚生労働省によって個人・業者を問わず「動物の輸入届出制度」の義務も導入された。正規のルートで日本に到着した動物は検疫を受けてから動物園や輸入業者などへと引き渡され、初めて見学者や消費者の前にお目見えするのだ。

ちなみに、野生生物の輸入件数で日本は1、2位を争う世界でもトップクラスの「消費国」だ。その一方で相変わらず違法取り引きによる売買もいっこうに減少しない。野生動物の密輸入という国際犯罪がなくなるのを祈るばかりだ。

「お米」の特殊な流通ルートのウラを読み解く

日本人の主食はなんといっても米だ。いくらパンがよく食べられているといっても、米が食べられなくなったらそれこそ大変である。そのため米は消費者に効率よく安定供給できるような流通が整っている。

現在、米の流通は大きくふたつに分けることができる。ひとつは生産者が直接、小売店や消費者に販売するルートと、もうひとつはＪＡ（農業協同組合）などの集荷業者などを経て小売店経由で消費者に届くルートである。

実は、この集荷業者を通して販売する流通は古くからあるもので、生産者が直接売れるように法律が一部変わったのは１９９５年からだ。

それまでは、卸売業も小売業もすべて国から許可をもらわないと米を扱うことができず、まさに「官製品」といえるようなものだった。それが許可制から登録制に変わり、さらに届出制に変わったのである。

まず、従来からある米の販売ルートをみてみよう。生産者は米を作ると農協などの1次集荷業者に渡し、今度はそれを各県の「経済連」などの2次集荷業者が買い入れる。そしてそれが卸売業者の手に渡ると、そこからようやく小売業者に流れて、消費者の食卓に上るというしくみになっている。

なんとも長いルートであるが、こうなっていた理由は米の生産農家が全国に分散していて、その規模もまちまちなため、このようなルートでないと米の安定供給ができなくなる恐れがあったからである。

しかし、このルートでは生産者のほうも自由に米が売れないことから、より販売の自由度が高まるように生産者の直販ルートができたのである。「ブランド米」とも呼ばれて人気のある米が産地直送で割安に買えるようになったのは、実はこのおかげなのだ。

政府の調査でも米の購入先として最も多いのは米穀店ではなくスーパーで、次いで農家の直売という順になっている。

ところが、残念なことにこれほど割安で食べられるようになったにもかかわらず、年々米の消費量は少なくなっている。1962年に国民一人当たりの消費量は年間118キログラムだったのが、2018年には53・8キログラムになった。

フォアグラ、トリュフ……本場モノの割合はどのくらい?

「世界の3大珍味」といえば、キャビアとフォアグラ、それにトリュフだ。どれもが高級レストランでないとなかなか食べられない味のように思われがちだが、なかにはスーパーなどでけっこう安く売っている珍味もある。その代表格がキャビアだろう。

このキャビアは商品によってはスーパーなどで数百円も出せば手に入ることもあるが、もちろん本物ではない。ほとんどが「代用キャビア」だ。

これはランプフィッシュという海水魚などの卵を洗って塩漬けにした商品で、場合によっては香りづけや着色もしている。本来のキャビアはチョウザメの卵を塩漬けにしたもので、ロシアなどから輸入されている。

ところが、このチョウザメは希少動物を保護する「ワシントン条約」の対象となっているため、輸入には許可が必要でなかなか本物を食べるのは難しいのである。

訓練した豚に臭いを嗅がせて探し出すキノコの「トリュフ」も輸入されているのは本場フランス産ばかりではない。最近では高級スーパーなどでもよく売られているが、そのほとんどは中国産の「黒トリュフ」だ。

もちろん、それが〝まがいもの〟ということはない。市場に出回っているトリュフは10種類ぐらいあるとされており、黒トリュフはその中のひとつなのである。ただ、フランス料理に使われる本場のトリュフと比べると形は小さく、味や香りもやや劣るという。３大珍味とは違うが、キノコでは日本人の秋の味覚を楽しませる「マツタケ」も国産だけではなく海外から輸入されているものもある。

また、ガチョウに大量のエサを与えて、肝臓をまるまると太らせて珍味として食べるフォアグラだが、フランス産とハンガリー産がほとんどだ。

高級食材のイメージが強かったが、ファミレスや居酒屋のメニューにも登場するようになった。しかし、海外では動物愛護の観点からフォアグラの販売を禁止する動きがある。

靴下づくりの複雑さが生んだ「OEM供給」とは？

衣料品に限ったことではないが、よく知られているブランド製品の中で「OEM供給」によって作られているものは多い。ブランド会社は商品デザインだけを行い、商品そのものは、その製品専門の製造メーカーが委託を受けて作るというやり方である。

なかでも靴下はその代表的なものといっていいだろう。その理由のひとつには、靴下の製造工程や機材がいささか特殊なものだからということがあるようだ。

その工程は、まず商品にあわせた糸を選ぶところから始まる。木綿、ナイロン、ゴム素材、あるいは誰が使うどのような機能を持った靴下かによって繊維もそれぞれだ。次に、コンピューター制御で靴下のデザインをインプットされた専用編み機によって靴下の原型である筒状の生地が編まれていく。

この時点ではまだ靴下は何十本分もつながったホースのような状態である。この筒を1足分ずつ切り離し、つま先を縫ってから足の形に合うようプレスを施していくと、靴下ができあがるというしくみである。

スポーツブランドの1足1200円の靴下も、5足980円の紳士用靴下もみんなこの工程でできるのだ。

製造機材も特殊だが、職人にもある程度の手間と熟練を要する仕事である。一部の愛好者を持つ5本指の靴下ともなれば、その工程の複雑さもそれなりである。一般の衣料品メーカーがあえて自社でやろうとせず、専用業者に任せるのも道理というものだろう。

そんな靴下製造業者のほとんどは、家内工業の枠を出ずに細々と行う下町の小さな工場である。手間をかけて丁寧に作っても、靴下1足の値段はそう高いわけではない。

また、メーカーからの注文を受けて作る「受注生産型」であるために経営は安定せず、ときには受注トラブルで在庫を大量に抱えて泣き寝入り、ということもあるらしい。

実は、ファッションビルなどで見かけるような靴下だけを置く店は、こうした靴下専門の中小企業と提携することによって成り立っているのだという。

ブランド指定のワンポイントやキャラクターをつける代わりに、カラフルでデザイン性の高い靴下や保温靴下、消臭靴下などさまざまな機能を付加した靴下を製造業者と販売店が共同で開発し、スーパーの一角にある靴下売り場との差別化を行っているという。

工場から直接買いつけるだけに、価格もなかなかリーズナブルだ。メーカーからの発注の合間を縫って生産することができるので、製造業者にとっても製造ラインの活用につながっている。靴下のおしゃれを楽しみたい女性や若者にも人気を博しているようだ。

系列店によって扱う自動車が違う本当の理由

最近の自動車は通勤で使われることが減り、買い物や用足しで使われることが増えている。近くのスーパーに行くのに自動車を手軽に使う消費者が多いわけだ。

これは50歳以上のシニアドライバーが急増していることにも関係していそうだが、いずれにしても自動車とのつき合い方が少し変わってきていることはたしかだ。

ところで、この自動車を買うとき、まず足を運びたくなるのがディーラーだ。ここで実物を見て試乗をしたうえで購入を考えることが多い。

ところが、なぜか同じメーカーの販売店なのに欲しい車種を扱っていないことがある。実は、自動車の流通は販売する地域や車種によって販売ルートが違うのである。

自動車の流通はメーカーから系列の販売会社を経由して、そのまま消費者の手元に届けられているため極めてシンプルだ。

しかし、メーカーは系列販売会社に自動車をより効率よく販売してもらおうと、販売エリアや取り扱う車種を限定している。売れる車種を絞り込めば営業マンはその自動車だけを売ることに専念でき、販売戦略も立てやすくなるというわけだ。

それでは〝外車〟の流通はどうなっているのだろうか。大きくふたつのルートに分けられる。

ひとつは日本の正規代理店を経由して国内の販売会社に卸されるルートと、もうひとつは海外のディーラーから日本の並行輸入業者が買いつけて消費者に直接販売するルートだ。

並行輸入業者は正規代理店のように国内に修理工場を持たず、また大量の在庫を持たないため、正規代理店のルートよりも安価に販売することができる。

こうしてみると並行輸入のほうが〝お買得〟にみえるが、正規代理店は日本の気象条件などを考慮して一部のパーツを日本仕様にし、あるいは修理工場を持つことで購入後のアフターサービスに力を入れているために一概にはそうともいい切れない点がある。

また、並行輸入は正規代理店と違って営業も大変なようだ。というのは、安く仕入れるためにはできるだけ台数を多く買いつけなければならないが、国内にそれだけの顧客を確保できないと在庫ばかりが増えてしまうことになる。

このため、並行輸入業者はバブル経済が華やかなりし頃は販売台数も順調だったが、その後景気が悪化すると伸び悩み、廃業に追い込まれたところもある。

外車は価格を選ぶのか、アフターサービスを選ぶのかが、なかなか難しいところだ。

電信柱に貼られた「電ビラ」に注意セヨ

街を歩いていると、電柱に貼られた不動産広告を目にすることがある。

「未公開物件！　○○駅徒歩10分　東南角地40坪４ＬＤＫ　先着順！」

このような文字が踊り、下のほうに大きく問い合わせの電話番号が書いてある。これは業界用語で「電ビラ」（電柱ビラの略）と呼ばれるもので、捨て看板同様、違法行為である。

しかも注意しなくてはならないのは、そこに記されている物件はダミーの場合もあるということだ。

では、いったい何の目的で貼られているのか。その答えは客の情報収集だ。たとえば、そのビラを見て連絡してきた人がいたら、「担当者が内見に出ているので折り返します」と電話番号を聞き出していったん電話を切り、あとから営業の電話をかけるのだ。

あるいは「じつは、昨日売れてしまったんですが、ほかにも同じような物件がありますよ」と言って、すぐさま来店を促したりもする。

つまり電ビラは、今まさに物件を探している客を集めるためのトラップである可能性があるのだ。

そもそもが違法行為なので、不動産会社としての質も推して知るべしだ。本当に気になる物件であれば、そこに電話をかける前に大手の不動産会社に問い合わせてみるなど、まずは物件の信憑性を確かめてみることをおススメする。

近ごろ、医療費の支払いに「カード払い」が増えているワケ

毎年、確定申告の時期になると医療費控除の還付申告に四苦八苦している人も多いと思うが、医療費をカード払いにするとお得なことがあるというのをご存じだろうか。

最近、大学病院や地域の中核病院、開業医の中でも大きな医療機関ではクレジットカードが使えるようになっている。それも、銀行やコンビニにあるようなＡＴＭでの支払ができるのだ。

ということは、物を買ったり飲食をするのと同じようにポイントがついて貯まるのである。しかも現金を持ち歩く必要がなく、特に金額が予想できない診察代をカ

ードで支払えるのは便利である。

病院側にしても支払業務に人員を割く必要もなく、コストカットという点でも今後、カード払いを導入する医療機関は増えていくと予想されている。

もうひとつのお得な点とは、高額な医療を支払う時や手術をした場合、カードで払おうとすると利用限度額を超える場合がある。

そんな時には、カード会社によっても異なるが、サポートセンターなどに連絡をして利用限度額を増額してもらうこともできるのだ。

ちなみに、薬局やドラッグストアでもクレジットカードが使えるところが増えている。カード決済は、医療機関、患者ともにメリットが多いのである。

「盲導犬」になれる犬、なれない犬の法則

目の不自由な人の生活を介助するために訓練された盲導犬と聞いてパッと頭に浮

かぶのは、薄茶色の毛をしたラブラドール・レトリバーやゴールデン・レトリバーではないだろうか。

東日本盲導犬協会のホームページを見ても、トップページに出てくる画像は何匹ものレトリバーだ。盲導犬といえばレトリバーというイメージは妥当なものだろう。

しかし、日本で最初の盲導犬は、ドイツから来た4頭のジャーマン・シェパードだったのだ。ジャーマン・シェパードは警察犬としても活躍する大型の犬種であり、立派な体格と忠実で賢い性格が盲導犬にピッタリだった。

では、なぜ現在の盲導犬にシェパードがいないのかというと、その風貌の精悍さが「怖い」というイメージで見られてしまうために、街中で行う盲導犬としての活動がしにくかったからなのだ。

もともと狩猟犬として活躍していたレトリバーは、外見も愛嬌があり性格も従順で賢いことから、盲導犬として選ばれるようになった。

現在、日本で活動している盲導犬は、ラブラドール・レトリバー、ゴールデン・レトリバー、ラブラドール・レトリバーとゴールデン・レトリバーのミックス犬の

３種類である。

マンション購入で失敗する人が見逃す意外なポイント

マイホームにマンションを選ぶ人は多いが、その際の重要なチェックポイントといえば「立地」「築年数」「価格」といったところだろう。

だが、この３つさえ気にすればいいというものではない。将来のマンションの価値を考え、絶対に見落としてはならない項目として「修繕積立金」がある。

修繕積立金は、外壁やエレベータといった共用部分の修繕費用を住民たちで出し合って積み立てる予算のことだ。

だが、なかには住民がこれを出し渋って未収金がかさんでいる物件もある。そうなれば、修繕時期になっても予算がないために後回しになり、マンション自体の価値も下がってしまうというわけだ。

これを見極めるには、契約前の「重要事項説明書」をしっかりとチェックすることである。そこには、マンションの資産状況が必ず記されており、積立金の総額も記載されているのだ。

たとえば積立金が同じ1億円でも、100世帯分なら優良、50世帯分なら超優良、だが、これが700世帯が入るマンモスマンションならちょっと危ない物件になるというわけだ。

未収金世帯が1軒や2軒あるのは珍しくないが、世帯数に対してあまりに積立金の総額が少ない物件は避けたほうが賢明だ。心配な場合は、購入前に不動産業者なり専門家なりに相談するのが無難だろう。

アンケートのデータを鵜呑みにしてはいけない理由

何か新しい企画を立てる時、アンケートをマーケティングに役立てることがある。

多くの場合は匿名だし、その回答は信頼度が高いと思ってしまいがちだが、あながちそうともいえない。というのも、この手の調査では若干のウソが混じっている場合があるからだ。

たとえば、「洋服を買う時には何色を選ぶことが多いですか?」のような問いであれば、その答えにウソはほとんどないとみていい。

ところが、「あなたは1カ月に何冊本を読みますか?」といった「オトナらしさ」や「社会性」を問うような内容には、「こういう人間に見られたい」「こうは見られたくない」という本人の願望が多分に影響することがあるのだ。

だから、本当は1冊読むか読まないかなのに「1~2冊」、1~2冊読む人でも「2~3冊」などと下駄をはかせて答える人が続出する。

匿名のアンケートではなく、顔をつき合わせて自由に意見を言い合うようなグループインタビューでは、この現象はさらに多くなるだろう。

調査する側は、調査項目の性質によってはそのあたりを見極める必要がある。逆にいえば、質問のしかたしだいで結果を誘導することもできるわけだ。

いまさら聞けない「連帯保証人」のウソのような話

かつては賃貸物件に入居する際に「連帯保証人」をつけるのが一般的だったが、近年はそれにかわって、「保証会社」に加入するという条件をつけている物件が多くなってきた。

保証会社が利用されるようになったのは、外国人や身寄りのない人など連帯保証人を立てるのが難しい人が増えてきたことが背景にある。

しかし、現在では保証会社への加入が必要なうえ、さらに連帯保証人も立てることを条件にする物件が増加している。

保証会社は連帯保証人がいない人のためのシステムだったはずなのに、これはどういうことなのだろうか。

理由のひとつは、家賃を支払わない悪質な借り主が増えているからだ。家賃が滞納されて連帯保証人に連絡をしても「本人が支払うべきだ。私は知らない」と取り合ってくれなかったり、連帯保証人に連絡がつかなったりするケースも多い。

あてにならない連帯保証人が増えているので、大家としては保証会社への加入を入居の条件にするほうが安心なのだが、一方で大手といわれる保証会社が相次いで倒産するような時代になっている。

そこで、保証会社だけではやはり不安ということになり、保証会社への加入も連帯保証人も両方が必要という条件をつけているのだ。

何カ月も平気で家賃を滞納するようなモラルの低い借り主が増えていることで、大家さんも保証会社も四苦八苦しているのである。

近ごろ、「献体」希望者が増えているのはなぜ？

ここ数年、日本人の「死」に対する考え方は大きく変化している。家族葬や直葬で葬儀を簡素にしたり、海や樹木への自然葬を希望する人もいまでは珍しくなくなってきた。

そして、ここへきてまったく別の「遺体の行く先」が注目されている。それは医学関係の研究機関だ。

じつは最近、献体を望んでいる人が増えているという。

大学や研究所などの医療機関では、医療現場のスキルの向上や人体の研究のために死体を使った実習が行われている。つまり、その現場に自らの死体を差し出したいという人が急増しているのだ。

献体そのものは無報酬だが霊柩車や火葬の費用は不要になるし、葬儀費用がかからなければ周囲に迷惑をかけることもない。

何より、死んでなお人の役に立てるという社会的意義もあって、特に東日本大震災以降、希望者が増えているというのだ。

そう聞くとけっして悪い傾向ではないようにも思えるが、その裏で別の問題も浮上している。

献体した後、原則として遺骨は遺族に返されるが、引き取る家族がいないなどの理由で研究機関の納骨堂に納めざるを得ない遺骨が急増しており、現場は納骨堂のスペースの確保に四苦八苦しているというのだ。

そのため、応募過多で受付を停止している大学もちらほら出てきている。結局はここでも〝お墓の問題〟にぶち当たるというわけだ。

死装束をめぐる新たなトレンドとは？

TPOに気を配るのは大人の常識だが、なかでも冠婚葬祭に関してはタブーも多いので気をつけなければならない。

特に葬儀の場合は、服装は全身黒と白で、女性のアクセサリーはパールのネックレスのみ、靴や鞄もエナメルなどの光る素材を避け、派手なメークもふさわしくないとされる。

そして、もちろん死者が旅立つための支度も仏教なら白い経帷子《きょうかたびら》に白足袋、笠に杖と決まっている。

ところが最近、亡くなった人に着せるこの死装束がかなり変わってきているのだ。その名もエンディングドレスや終活ドレスといい、白い着物ではなく薄いピンクやブルーのドレスなどもあり、フリルがついていたりしてかなり華やかになっている。従来のタブーが破られつつあるのだ。

その背景にあるのが、家族葬の増加だ。家族葬は親戚や友人、会社関係者など大勢の参列者を呼ばず、身内だけで執り行う小規模な葬儀である。

家族の最期を見送るのが気心の知れた身内だけなら、世間の常識にとらわれなくても後ろ指を差されることはない。

そのため、長らく闘病していた家族などには、最後くらいはきれいな格好で…という気持ちからこのようなドレスの需要が増えてきているのである。

もちろん、ドレスは生前に自分で気に入ったものを選んで予約しておくこともできる。エンディングドレスに始まり、今後は遺影や棺桶の色、デザインまでバラエティ豊かになっていくのかもしれない。

成人式の裏側に見え隠れする
地元業界の経済法則とは？

20歳を迎え、大人の仲間入りをした若者を祝福するために開かれるのが「成人式」だ。ただ、成人式に参加した若者が会場で騒ぐケースは後を絶たず、式典そのものの取り止めを論議している自治体もある。

ところが、この成人式がなくなると大打撃を受ける業界がある。それは呉服業界だ。

実は、呉服業界では売り上げの2～3割を成人式のときに着る晴れ着が占めており、式典がなくなるとそのぶん売り上げがパーとなってしまうのである。

呉服や和装品の市場規模は2005年に6000億円あったのが、2018年には2681億円まで落ち込んでいる。このうち女性用の着物が全体の6割を占め、さらに２割はそれに締める帯となっていることから、実に呉服市場の８割は女性用なのだ。

こうしたことから、もし成人式がなくなったら呉服業界は痛烈な打撃を受けることはまちがいなく、あっという間に不況業種の仲間入りとなってしまうかもしれない。

実際、市長が成人式を取りやめるべきだと発言したある県では、このニュースが伝えられると、呉服店に顧客から晴れ着の注文をキャンセルする電話が殺到し、これに慌てた県の呉服業組合が市長に抗議する一幕もあったほどだ。

考えてみれば、女性が一生の間に和服を着る機会は初詣を除くと、人生の節目に当たる七五三のお宮参りや、成人式、それと冠婚葬祭ぐらいかもしれない。

なかでも女性が一度は着てみたいと憧れる「振袖」となると、成人式のときに両親からプレゼントでもしてもらわない限り、自分で買うこともないだろう。

つまり、呉服業界にとって成人式は呉服を売るために必要不可欠なもので、これがなくなると業界は生きてはいけないのである。

さらに、成人式がなくなると迷惑する商売がこのほかにも出てくる。たとえば美容院は利用者が減少するだろうし、写真スタジオで記念撮影をする女性も少なくなってしまう。成人式を取り止めると地元経済に与える影響は計り知れないほど大きいのだ。

「警察官に職務質問されやすいタイプ」はたしかにいる！

「昨日、夜遅く帰宅したら職質されちゃってさ」などというのはよく聞く話だ。何ら後ろめたいことはないとしても、警察官に呼び止められてあれこれ聞かれたり、所持品をチェックされるというのは嬉しくないことではある。

職質は正式には「職務質問」というが、何回もされる人もいれば一度も経験することがないという人もいる。実際に職務質問されやすい人というのは存在するのだ。

警察官が声をかけるのは、大ざっぱに分けると3つの犯罪が疑われるケースである。

まずひとつ目は、薬物所持と薬物乱用の疑いである。極端に頬がこけて痩せている、長髪や金髪などの堅気の勤め人には見えない髪型や、季節感のない服装が主なポイントになる。

ふたつ目は窃盗だ。目深にかぶった帽子やマスク、サングラス、乗っている車が高級車なのに身なりは汚いという特徴が職質のポイントになる。

３つ目は危険物所持である。不自然に大きなバックを持ち、迷彩柄の服を着て歩いていたら、間違いなく職務質問の対象になるだろう。

もちろんこれに当てはまらなくても、目の動きや挙動が不審であれば職質をかけられてしまうが、度重なる声掛けにうんざりしているとしたら、少し身なりに気をつけるだけでストレスから解放されるかもしれない。

李下《りか》に冠を正さずという言葉もあるように、疑われるようなことはしないに越したことはないのである。

ブラックリストが他人事ではなくなる話

クレジットカードが「ブラックカード」ならセレブの証明だが、これがブラックリストとなれば話は違ってくる。いわゆる支払いの延滞が続くと載ってしまうという事故扱いのリストだが、じつは「ブラックリスト」という名前のものは存在しない。

クレジットカードの支払いがおよそ3カ月滞ると、信用情報機関に「事故情報」が登録される。これが一般にいわれるブラックリストに載った状態ということなのだ。

この事故情報が載ると、新規のクレジットカードはつくることはできないし、ローンなども組めなくなる。仮に支払いをすませても、一定の期間が過ぎなければ事故情報は消えないのだ。

信用情報機関によって異なるが、その期間はだいたい5～10年となっており、影響は長期間に及ぶのである。

ちなみに近年増えているのが、スマートフォンの料金の未払いによる事故情報だという。

スマホの利用料金自体は延滞してもスマホの利用ができなくなるだけだが、注意が必要なのは機種の代金を分割して払っている場合だ。これは「ローンの延滞」になるために〝事故扱い〟になってしまうのだ。

「ついうっかり」の影響はあまりにも大きい。支払いは毎回確実に済ませないと後悔することになるだろう。

もし、偶然あなたが遺跡を発見してしまったら……

日本では、年間９０００件程度の遺跡発掘調査が行われていることはあまり知られていない。銅鐸などの小さな遺物から、新聞のトップ紙面を飾るような古代の集落跡などの大きな遺跡まで毎年新たな発見があるのだ。

遺物や遺跡が学術上貴重な資料になることは当然なのだが、面白いのは出土した後、どのような手続きを経るのかということだ。

じつは、歴史的な遺物はすべて「落し物」として警察に届けることになっている。届けられた警察では、通常の落し物として14日間の公告をする。その後に持ち主が名乗り出るまで3カ月間待つのである。

もちろん、持ち主ははるか昔にいなくなっているために名乗り出ることはない。すると、持ち主不明の拾得物となり、発見者が国の機関でなければ都道府県の持ち物になるのだ。

ただし、発見された土地の所有者が明らかな場合や、古文書などでその祖先の持ち物であることが明らかな場合は、持ち主に所有権が認められることがある。

博物館に展示されている貴重な遺物が「落し物」だったことがわかれば、ぐっと身近になったように感じられないだろうか。

「事故物件情報」をめぐる不動産業界のホントの話

あまたある不動産情報の中には「この条件でこの家賃？」というような超目玉の掘り出しモノがまれに存在するが、これは基本的にワケアリ、とりわけ〝事故物件〟である可能性が高い。

事故物件とは、殺人事件や自殺などで死者が出た部屋や戸建てのことである。この類の物件は風評被害などによって敬遠されるため、次の客がつきにくくなるのが一般的だ。

仮に事情を知らない客が現れた場合は、できれば〝いわくつき〟であることは伏せたままにしておきたいところだが、実はこういうケースでは不動産仲介業者は事故物件であることを隠したまま契約してはいけないことになっている。仮にこれを怠ると、通告義務違反で罪に問われることもあるのだ。

ただし、この問題に関しては「どこまでを事故物件と呼ぶのか」「病死や自然死は含まれるのか」「何年経過すれば通告義務は消えるのか」などの解釈が業者によってまちまちで、基準が定まっていないのが実情だ。それゆえに、後から事実を知った借り主と通告を怠った業者の間でトラブルが起こりやすい。

なかには身内や専門業者と短期間だけ賃貸契約を結び、便宜上通告義務を果たしたことにして、その次の借り手には通告をしないで部屋を貸す業者も存在する。事故物件を抱えるということは、それだけアタマの痛い問題ということなのだ。

アフリカの市場がタコ焼きに及ぼす影響とは?

タコは酢のものでも刺身にしてもおいしい魚介類だ。淡白な味のようでいて、噛み締めるとなんともいえない食感を感じるとともに独特の風味が口の中いっぱいに広がる。

そんなタコを使った庶民の味といって思い浮かぶのは「タコ焼き」だろう。紅しょうがとタコの味が微妙にマッチして、そこにかけられたソースがさらに食欲をそそる。

このタコ焼きが今ピンチなのである。その理由は、材料となるタコの漁獲量が激減してしまったためだ。それも日本ではなく遠いアフリカでの話である。

日本人が食べているタコの７割は海外から輸入されたもので、なかでも西アフリカのモロッコ産やモーリタニア産が一番多い。しかも、そのうちの４割がなんとタコ焼き用のタコとして消費されているのである。

モロッコやモーリタニアにしても、もともとたこを食べる習慣がなかったので、輸出品としてみるみる成長していった。

ところが、日本でタコ焼きの消費量が増えるにつれてモロッコではタコが乱獲されるようになり、このままでは貴重な輸出資源が枯渇してしまうと、モロッコ政府が「禁漁措置」をとったのである。このため、モロッコ産のタコの値段は高騰してしまったのである。

これに一番影響を受けたのが、このタコを卸業者から小売店に仲介する仲買業者だ。なかには転業を余儀なくされた業者もいるほどだという。

それにしても、なぜ北アフリカなのだろうか、中国やメキシコなどもタコの産地として世界的に知られており、なにも産地にそれほどこだわる必要はないようにもみえる。

人気の秘密はタコの歯ごたえにある。モロッコ産は柔らかくて、本場大阪で食べられているタコ焼きのタコに食感が近いのである。これは大阪のタコ焼きの歴史と関係している。

もともと地元で食べられていたタコ焼きは大阪湾で豊富に取れたタコを材料に使っていたため、他の産地のタコと比べて柔らかいのだ。

ところが、年々その漁獲量が減少してしまい、地元産ではすべての需要には応えることができなくなってしまったのである。そして、その代わりに白羽の矢を立てられたのが海外、とりわけモーリタニアとモロッコだったというわけだ。

国内産のタコは底引き網などで獲ったものがスーパーに並んで消費者の手元に届

くが、その量は年々減少している。

日本のタコ消費量は国別で見ても群を抜くが、近年は各国で需要が高まっており、ますます高価になりそうだ。

食用の２倍以上のトウモロコシが輸入されているワケ

日本人にとってトウモロコシは重要な作物のひとつだ。ところが、稲作などと違いトウモロコシが見渡す限りに実っている畑はあまり見かけない。それもそのはずで、日本はトウモロコシのほとんどを輸入しており、世界一のトウモロコシ輸入国なのだ。

その最大の輸入国はアメリカで、国内消費量の８割はメイド・イン・ＵＳＡなのである。トウモロコシは世界中で生産されているが、主要生産国といわれるのは、アメリカ、中国、ブラジル、ＥＵである。なかでもアメリカの生産量は多く、全世界の生産量の35パーセントを占めている。まさにトウモロコシ王国と呼ぶにふさわしい実力の持ち主なのだ。

その主産地となっているのは「コーンベルト地帯」と呼ばれている中西部で、アイオワ、イリノイ、インディアナなどの10州に集中しており、このコーンベルト地帯だけで全世界の3割を生産しているのである。

日本にはここで採れたトウモロコシが貨物船で運ばれてくるが、実はこれらがすべて人間の胃袋に収まるわけではない。トウモロコシの主な用途は家畜の飼料で、食用とされるのは全体の3割程度でしかない。つまり、ほとんどは牛や豚のエサとして輸入されているのだ。

牛は体重の8倍、豚は同じく4倍の穀物を食べるというから、トウモロコシが一番好きなのは人間ではなくて家畜なのである。

さらに、食用として国内に入ってきたものも、その行き先はスーパーの野菜売り場ではなく、そのうちの7割は食品工業会社に持ち込まれ、トウモロコシからデンプンの「コーンスターチ」が作られる。残りの3割は主に発酵原料などに加工されて酒造会社などで消費されているのである。

スーパーの野菜売り場で「スイートコーン」などの名称で販売されているトウモロコシはほとんどが国産で、全国の農家が栽培したものが野菜と同じように卸売市場を経由して店頭に並んでいる。

このスイートコーンは文字どおり甘くておいしいが、これはほかの種類のトウモロコシと比べて糖からデンプンに変化する速度が遅いため、収穫後も甘味が残りやすいことにある。ただし、時間が経てば糖はデンプンに変わってしまうため、冷蔵庫に保存しても日が経つと味が落ちてしまう。やはり、スイートコーンは買ってすぐに食べるのがおいしい食べ方のようだ。

中古車流通の知られざるカラクリ

2018年の新車の販売台数は約527万台で、この同じ年に中古車として登録されたのは383万台だった。

この中古車は4つのルートで販売されている。

ひとつは、新車販売店が顧客の自動車を下取りし、それを中古車専門のオークションにかけて中古車販売業者に売るケースで、2つ目は中古自動車の買い取り専門業者が顧客から買い取ったクルマをオークションにかけて中古車販売業者に売る場合である。

そして、3つ目は新車販売店が下取りして自ら販売するもので、4つ目は買い取りと販売を一貫して行う専門業者のルートである。

このなかで、現在急成長しているのが買い取りから販売までを一貫して行う専門業者と、中古車のオークションを行う会社だ。なかでも注目されているのが、TV画面を見ながら中古車のセリを行う「TVオートオークション」だ。

これまで中古車のオークションは仕入れる自動車の状態を見るためにわざわざ会場まで足を運ばなければならず、またセリも人間の手で行っていたため、単純なミスが起きることがあった。

ところが、ＴＶオートオークションでは通信衛星を使うことで出品する中古車を画像にして会場に流すので、わざわざ遠方の会場にまで足を運ぶ必要がなく、また参加者はボタンを押すことでセリに参加でき、ミスも起きにくいのである。

一方、買い取りと販売までを一貫して行う専門の業者も鼻息が荒い。中古車を売りやすくするためには多くの車種を取り揃え、より安く販売しなければならない。そのためには仕入れ値を安く抑えるだけでなく、中古車も大量に買い入れる必要がある。そこで、専門業者はオートオークションを通さずに仕入れられる独自のルートをつくり、ドライバーから直接買い取っている。

ところで、中古車の市場として無視できないのが海外だ。よく海外旅行に行くと国内ではもはや走っていないような古い日本の車を見かけることがあるが、そのほとんどが元をたどれば新車ではなく中古車を輸入しているのである。

日本では中古車市場に出しても商品価値がなく、もはや廃車にするしかないような自動車でもまだ使用できるようなら格安で海外に売られている。また、レンタカーや、業務用として長年使われ国内では買い手のないような中古車も輸出されている。

輸出業者はこれらの自動車を仕入れると、業務用車では前のオーナーがわからないように車体に描かれている社名やロゴマークなどを消して〝化粧直し〟をし、日本での「車両登録」を抹消すると中古車として出荷する。

さらに、廃車となった自動車は解体されるが、ここでもまだ再利用できるドアやバンパーなどの部品は選り分けられて、商品価値のあるものは輸出されている。なかでもエンジンには人気があり、まだ駆動するようなら海外に販売されてボートのエンジンとして利用されている場合もある。

廃車後の自動車は、総重量の80パーセントまでが何らかの形でリサイクルされているといわれており、自動車は中古車になったあとも第2、第3の人生が待ち受けているといえるのである。

また、廃車を解体したあとにはどうしても廃棄するしかないゴミが出るが、これを埋め立てる最終処分場もあとわずかで満杯となることが明らかとなっているため、自動車のリサイクルはさらに推し進める必要がありそうだ。

自販機のコイン投入口が横向きなのに、駅の券売機はなぜ縦向き？

海外から見れば日本は自動販売機天国だというが、それもそのはずで国内にはざっと５００万台もの自動販売機が設置されている。

ジュースにタバコ、カップラーメンと、たしかに何でも購入できるが、よく見るとコインの投入口には縦に入れるタイプと横に入れるタイプがある。実は、この２つの機能的な違いはあまり知られていないのだ。

一般社団法人「日本自動販売機工業会」によれば、コインの投入口は投入しやすさを念頭において取りつけられているという。

飲料やタバコの自動販売機は横に入れるタイプが多く、駅のきっぷの販売機などは縦に入れるタイプが多いといった傾向はあるが、縦と横、どちらが投入しやすいかについての定説や明確な理由はなく、両方が混在しているのが実情らしい。

機能的には、どちらのタイプも投入されたコインが内部を移動して識別装置に到達するのは同じである。

ただ、縦タイプと横タイプではコインが滑り落ちる動線に違いがあり、それによってストックできる商品の数も変わってくる。どうやら、このあたりの兼ね合いでどちらにするかを決めることもあるようだ。

一般的には投入口が横タイプのほうが商品をストックできる量が多いため、飲料などの自動販売機はこちらが選ばれているというわけである。

展示用のモデルハウスはその後どうなる?

マイホームの購入を考えたことがある人なら、一度はハウスメーカーのモデルハウスに足を運んでいるだろう。

最新の設備を体感できるだけでなく、美しく整えられたインテリアなどはおおいに参考になる。

もちろん住宅事情にもトレンドが存在するため、展示される家はおよそ5年で入れ替わるといわれている。

では、役目を終えたモデルハウスはどうなるのか。

本当にお役御免の場合は解体して処分されることもあるが、意外と多いのが「そのまま販売」というパターンだ。いくつかのメーカーが集まる住宅展示場に置かれているものは、リユースという形で中古住宅として売りに出される。

あくまで中古ではあるが、実際に誰かが住んだわけではないので、他人の生活感がないぶん、買いやすい。メーカーにしてもただ廃棄するより、売ってしまったほうが利益が出るとあってチラシなどにも積極的にうたっていたりする。

また、住宅街に1軒だけあるようなモデルハウスの場合は、土地つきで売りに出されることもある。

こちらは、いわば築浅の中古の建売のようなもので、条件が合えばやはりお買い得なので意外と狙い目かもしれない。

「生産地表示」からわかる野菜のタネの流れ方

毎日食べている野菜が、どんな人たちの手を経て食卓に届けられるのかを知っていても、その野菜のタネがどのようにして作られているかを知っている人は少ないだろう。農家は苗を育てて野菜を収穫しているが、その苗の元になるのがもちろんタネである。

実は、タネの多くは日本ではなく海外で生産されているのだ。その理由は発芽しやすく苗を育てやすいことにある。

たとえば、家庭菜園で育てたダイコンのタネを採取して、再びダイコンを栽培してみればわかる。おそらく、すべてが確実に発芽するということはないはずだ。なかには芽を出せずに終わってしまうタネもあるし、また発芽できても生育が悪くて途中で枯れてしまうタネもあるだろう。

つまり、植物のタネは「生物」のためそれぞれに持って生まれた性質があるのである。

しかし、そうはいっても農産物を効率よく生産するためには、発芽する確率が高くて、さらによく育つタネが求められる。ところが、残念なことに国内ではなかなかそのようなタネを生産できる農地が少なくなっているのだという。

そこで、タネのメーカーは日本で育成した「原種」を持って海外に出かけると、タネの生産に適した農家を見つけては委託生産してもらうケースが増えている。

外国産のタネかどうか知るにはタネの袋を見てみればいい。もし輸入したものなら裏側の「生産地表示」にアメリカとかイタリアとか生産地の名前が入っているはずだ。

ところで、この外国産のタネもそのまま日本に輸入して畑に蒔いているわけではない。市販する前に一度消毒処理をしてタネを病害から守ったり、あるいは畑に病害を持ち込まないように厳重な管理がされている。

また、市販されている商品の中には赤色や緑色をしたタネもある。これを見ると、世の中にはずいぶん色鮮やかなタネがあると思ってしまうが、これはタネ本来の色ではない。畑に蒔くときに、何粒をどのぐらいの間隔で蒔いているのか見た目にわかりやすくするために、メーカーがわざわざ色をつけているのだ。

日本の農産物は、生産性がよくなるように長い年月をかけて品種改良を行い、タネのメーカーはそのタネを作るだけでなく、量産できるように海外を駆け回っているのである。

1粒のタネにも大きな物語が秘められているのだ。

コーヒー豆が日本に届くまでの長い旅

日本人は、毎週平均10杯のコーヒーを飲んでいるといわれている。このコーヒーに使うコーヒー豆は100パーセント輸入に頼っているのが現状だ。

コーヒー豆の栽培に適した国は南回帰線と北回帰線に挟まれた「コーヒーベル

ト」と呼ばれる地域で、南アメリカやアフリカなどがそれに含まれている。なかでも、日本がコーヒーの豆を輸入しているのはブラジルはじめ40ヵ国以上にのぼる。

ただし、これらのコーヒー畑で採れたコーヒー豆が日本に直接運ばれてくるわけではない。コーヒー豆の生産者はまず自分の国の加工業者に出荷すると、それが2次加工業者に渡り、次に輸出業者に卸されている。

つまり、産出国の中ですでに何度も業者の手を通っているのである。そして、日本に輸入されると卸売業者を通して焙煎業者に渡り専門の工場で焙煎されると、コーヒー豆となり店頭に並ぶ。毎朝、何気なく飲んでいるコーヒーも長い旅をして食卓に届けられているのである。

スポーツ選手の年俸には「推定」をつけなければいけない理由

野球やサッカーといったプロスポーツ選手の給料は年俸制である。メジャーリーグや欧州の強豪サッカークラブに比べると日本選手の場合はだいぶ見劣りするが、それでも一流選手ならば億超えも珍しくない。

とりわけプロ野球は契約更改の時期ともなると、注目選手の年俸のニュースが続々と報道されるが、このときメディアは金額の前には必ず「推定」という言葉をつけなくてはならない。というのも、球団は選手の年俸を正式に発表したりしないからだ。したがって記者たちは選手の実績やチームの成績、球団の財政状況を踏まえたうえで関係者や本人へ取材し、独自に数字を割り出している。

もちろん、その数字が当たりかどうかウラをとることもできないので「推定」とつけざるを得ないのだ。

なかには喜びを隠しきれず、記者にツッコまれて「倍増です」とか「大台に乗りました」などとポロッとしゃべってしまう選手もいるが、年俸が明らかになるとほかの選手の交渉にも支障が出るためふつうは公言したがらない。

それにしても、結果的に推定年俸と実際の年俸に誤差はほとんど生じないというからみごとなものである。選手の評価を読むには、地道な取材と記者の経験則がすべてというわけだ。

医療が進歩すると虫の需要が増えるといわれるワケ

昆虫と聞いただけで、女性なら「気味の悪いもの」と逃げ腰になってしまうかもしれない。ところが、この昆虫は今や医療や農業などの分野で注目されている人気上昇中の「商品」だ。

とくに医療業界では、医療の進歩とともに昆虫の需要が急増するとみられており、まさに赤マルつきの有望商品という大モテぶりなのである。

それにしても、医療と昆虫とはなんとも奇妙な取り合わせだと思うかもしれない。しかし、昆虫の持つ優れた性質を知れば、おのずと医療分野での将来性が見えてくるのだ。

現在、研究されている昆虫の特性は大きく分けて３つある。

ひとつは体内に侵入したウイルスを死滅させるたんぱく質を作ることができることだ。これを応用すれば夢のような治療薬も作れるかもしれない。

そして2つ目は、昆虫にはさまざまな植物が持つ毒を解毒して自らが利用する力があることだ。そして、3つ目は蚕のように純粋な繊維タンパクを合成することができることである。

たとえば、蚕のこのような特性を利用すれば「アレルギー反応が起きない人工皮膚」などの理想の医療品も作ることができる。

また、これとは別にカブトムシの殻にも興味が集まっている。なぜなら、殻に含まれている物質には人間の体内で徐々に溶ける性質があるため、これで「薬用カプセル」を作り、カプセルの溶けるスピードさえ管理すれば薬を患部まで直接運ぶことができるようになるというのである。

すでに、昆虫の中では蚕が遺伝子組み換え技術により、医療分野で使えるように生育され始めている。一部の大手繊維メーカーではまず犬猫用の治療用品を作るために、「昆虫工場」として蚕の大量飼育にも着手しているというから驚く。

自然界には１００万種以上のもの昆虫がいるとされているが、まだ産業分野での研究は緒についたばかりだ。これから思わぬ性質を持った昆虫が発見され、人間のために大量飼育されて利用される可能性は大きいのだ。

これまでは忌み嫌っていた昆虫も、これからは逃げずに商売のタネとして見たほうがよさそうだ。

そもそも「流行色」はいつ誰が決めているの？

「今年は白が大流行の予感」「今年のおしゃれのカギはピンク」など、毎年暖かくなる頃にはファッション雑誌をはじめマスメディアがその年の流行色について騒ぎ始める。

ファッションに興味がある人はもちろん、無関心な人でも、なんとなく気になるのが流行色だ。乗り遅れないようにしたいから新しい服を買うときにはとりあえず流行色を意識する、という人は男女を問わず多い。

「流行色なんて、どうせどこかの誰かが、気分で勝手に決めたんだろう」と思い込んでいる人も多いだろう。

しかし侮ってはいけない。世間をよく見回してみると、日本のＯＬや女子大生が読むファッション雑誌で取り上げられた流行色と、パリコレで有名デザイナーが発表した新作の色が同じだったりするのだ。

こうなると、流行色がどうやって決められているのか気になってくる。そこには、ファッション業界のウラ事情が潜んでいるのだ。

実は世界共通の流行色を決めているのは、インターカラー（国際流行色委員会）という国際会議である。つまり、流行色はマスコミが気まぐれで言い出したものではなく、きちんとした権威ある国際的な機関によって決定されているのだ。

インターカラーへの加盟国は２０１６年12月の段階で世界16ヵ国であり、日本流行色協会も加盟している。

この会議では参加各国が流行や景気の動向や、生活形態の変化などから分析し推定した流行色を持ち寄る。そして話し合いにより、次はどんな色彩が好まれ、受け入れられやすいかを検討し、流行色を決定するのだ。

決定するのはシーズンの２年前である。この２年間でファッション業界はその流行色に合わせたトレンドを生み出し、各メーカーは生地や新製品を準備する。そして流行色をもとにして、世界のファッション業界の新しい勢力図が描かれるのだ。もちろん売り上げも、この２年間の準備にかかっているというわけだ。

ちなみに女性だけでなく、男性の流行色もこの会議で決められている。東京のビジネスマンとニューヨークのビジネスマンが同じような色のファッションで身をかためていても、それはけっして不思議なことではないのだ。

なお、インターカラーで決められた流行色は必ずしも絶対なものではない。というのも、予期していなかった戦争が起こるなどして社会状況が大きく変化し、人々の嗜好が変化することもあるからだ。

やはり流行は生き物である。常に変化を見据えていなければ、思わぬ展開もあるということだ。

回収されたペットボトルのリサイクル最新事情

清涼飲料やしょう油のボトルまで、飲料や食料品の容器にはペットボトルが多く使われている。

最近はこのペットボトルのリサイクルも進んでいるため、飲み終わったあとにそのままゴミ箱に捨てることも少なくなった。

このペットボトルの原料はほかならぬ石油である。日本にタンカーで運ばれて国内の石油化学工場に運び込まれるとナフサになり、そこで樹脂が作られるとボトルの形に成型され、ペットボトルが完成する。

なかでも一番多いのが清涼飲料用で、年間50万トン以上が生産されている。

ところで、ペットボトルは飲み終ったあとでどのようにリサイクルされるのかというと、まず、消費者が家庭で出すほかのゴミからペットボトルだけを分別して資源ごみとして出すことから始まる。

自治体はそれを回収すると、運びやすいように容器を圧縮して梱包した「ベール」と呼ばれる荷姿にして、リサイクル業者に渡す。

業者は専用の機械を使い、使用済みのペットボトルを粉砕して8ミリ角の「フレーク」にする。さらにその一部は一度溶かして小さな粒状へと加工した「ペレット」になる。

こうしてリサイクル用の原料に大変身したペットボトルはさまざまな分野で使われるようになるのだ。

いうまでもなく、再びペットボトルとしても利用されるが、繊維となったペレットは作業服や手袋の一部に使われたり、また事務用のファイルやボールペン、あるいは下水道のフタを作るときの原料の一部にもなっている。

２０１８年のペットボトルの販売量は約62万トンで、回収率は91・５パーセントにものぼるという。つまり、ペットボトルの10本のうち8本は再利用されていることになる。

ペットボトルのリサイクルは欧米でも行われてはいるが、ヨーロッパでの回収率は41・8パーセント、アメリカでは20・9パーセントにとどまっており、日本の回収率が非常に高いことがわかる。

というのも、日本では1997年に「容器包装リサイクル法」がペットボトルにも適用されており、このことが回収率を高めている背景にあるようだ。

日本人の「魚離れ」が止まらないこれだけの理由

代表的な日本食といえば「スシ」のイメージが強いせいか、日本人は外国人からは魚をたくさん食べていると思われているふしがあるが実際のところはどうだろうか。実は、日本人の魚の消費量はこの20年、減少し続けている。

その理由には、子どもの魚離れや家庭で魚を調理しなくなったことなどがよく挙げられるが、日本人の魚の消費量が減った原因はそれだけではない。

一般に食肉は所得水準が上がるとともに消費量が増えるといわれているが、実際戦後の日本人も高度経済成長で豊かになるとともに、食肉の消費量を増やしてきた。だが、日本人はやはり魚食のＤＮＡを脈々と受け継いできており、若い頃は肉を好んで食べていた人も、40歳代以降は徐々に魚を好むような傾向があった。ところが、年齢を重ねても魚より肉が好きという人が増えているのだ。

現在の40、50歳代といえばカレーやハンバーグ、鶏のから揚げなどが家庭のおかずの主役だった世代で、子どもの頃に魚はあまり食べなかったという人も少なくない。

そういう人は、何歳になっても魚食に移行しない傾向にあるというのだ。

となると、さらに魚の消費量が減っている現在の子ども世代が大人になり、さらにその子どもたちが成長する頃には、日本人の魚食文化の連鎖は完全に断ち切られていることもありえるのである。

日本人はもはや「魚食の国」ではないのかもしれない。

食肉の大量消費と地球温暖化の間にある意外な因果関係

ある日突然、アメリカやオーストラリア、中国などから送られてくる肉や穀物などの輸入がストップしたら、カロリーベースでの食糧自給率37パーセントの日本では、小売店はもちろん外食チェーンもやっていけないだろう。

だが、そんな恐ろしい状況が絶対に訪れないとも限らないのだ。なぜなら、世界の人口は刻一刻と増え続けていて、２０１９年の世界の人口は約77億人。１９５０年頃は約25億人だったので、わずか60年で3倍にまで膨れ上がっている。

その一方で、農地の砂漠化や塩害によって農業の収穫面積は半減している。現在、地球に２００近くある国のうち、約15パーセントにあたる31カ国がすでに食糧危機に陥っているのだ。

しかも、経済成長を続ける中国では富裕層や中間所得者層が増え、年々食卓が豊かになっている。２００３年までは国内で生産した農畜産物を輸出していた中国が、２００４年からは一転して輸入国になっていて国内産の食糧の輸出を極力抑えようしているのだ。

実際、中国では牛肉の消費量も増えているが、実はこれも食糧危機を引き起こす要因のひとつとされている。なぜなら牛や豚、鶏などを育てるためにはトウモロコシや小麦を使った飼料が大量に必要になるからだ。

一説では、牛肉１キログラムを生産するためには、約８キロもの飼料が使われるという。

しかも、肉の大量生産は地球温暖化にも影響を与えているという。飼育施設の暖房などのために大量の石油や石炭を燃やしたときに出る二酸化炭素や、牛や羊が吐き出すメタンガスも温室効果ガスのひとつだからだ。

第6章

ニッポンの裏側……
これが**社会のカラクリ**だ！

なぜ5円玉と50円玉には穴があいているのか？

日本で使用されている硬貨は、1円、5円、10円、50円、100円、そして500円玉の6種類である。このうち、5円玉と50円玉には穴があいている。考えてみれば不思議だが、なぜこの2種類の硬貨だけが穴あきなのだろうか。

5円玉が登場したのは1948（昭和23）年のことだ。当時は直径22ミリの黄銅貨だったが、これには穴はなかった。

ところが同年、直径20ミリの黄銅貨として1円玉も誕生した。5円玉とわずか2ミリの差しかなく、色が同じだったので、5円玉と1円玉とは区別が難しかった。

そこで1949（昭和24）年に穴あきの5円玉が作られた。つまり、1円玉と識別しやすくするために穴をあけたのである。

ちなみに、このときの5円玉は文字に楷書体が使われていた。現在普及しているのは、1959（昭和34）年にゴシック体に変更されたものである。

一方、50円玉が最初に登場したのは、1955（昭和30）年のことである。直径25ミリのニッケル貨で、穴はなかった。

その後、1957（昭和32）年に、やはりニッケル貨で直径22・6ミリの10

０円玉が誕生した。どちらも同じ銀白色で、しかも縁にギザギザがあったので区別しにくく不便だった。

そこで、１９５９（昭和34）年に穴があってギザギザのない新しい50円玉が登場したのである。

つまり、５円玉も50円玉も、よく似たほかの硬貨と区別しやすくするために穴があけられたのだ。

さらにその後、経済成長の中で工業分野での銀の需要が増大し、世界的に銀不足の状況になるなかで、なるべく材料がかからない穴あきの硬貨が増えていき、今や穴あきが一般的になったのである。

「首相」と「総理」は、どこがどう違う？

２０１９年9月に第4次（第2次改造）内閣を発足させた安倍晋三首相は、通算在任日数が憲政史上最長となり、「安倍一強」ともいわれている。

首相ともなれば、毎日のようにテレビや新聞のニュースに登場するのだが、その際使われている呼称には「安倍首相」と「安倍総理大臣」という2種類がある。首相と総理大臣にはきちんとした使い分けがあるのだ。

じつは、総理大臣という名称は日本独特のものなのである。

日本国憲法では「内閣総理大臣」というのが正式名称となっているのだが、大臣という役職名はかつて朝廷から授かっていた称号で、「右大臣」「左大臣」などにも使われていた。

国際的には国の元首はprime ministerであり、首相という呼称が充てられている。そのため、国会答弁や内閣改造などの記事では「総理大臣」、それ以外のニュースなどでは「首相」と呼ばれるのだ。

沖縄と東北の郵便番号は、なぜどちらも「9」から始まる？

電話番号の市外局番は、北海道と北東北が「01」から始まり、南東北と北関東、信越が「02」、南関東が「03」と「04」で、中部が「05」、近畿は「06」と「07」…と北から順に数字が大きくなっていき、何となくおさまりがいい。

ところが、郵便番号はバラバラだ。

上2桁が「10～20」から始まるのは東京で、「21～40」は関東甲信、「41～51」は東海で、「52～67」は近畿と続いていく。そして沖縄の「90」の次は、北陸の「91～93」へと飛び、東北で「96～99」(01～03で始まる県もある)にいきつく。北海道にいたっては「00」から始まる地域もある。

なぜ、郵便番号は電話番号の市外局番のように北海道から順に振り分けられなかったのだろうか。

郵便番号制度がスタートしたのは高度経済成長期の１９６８年で、まず、最も郵便物の取り扱いが多い東京が起点に定められた。そこから、日本の鉄道の大動脈である東海道沿いに郵便番号が振り分けられていったのだ。

その後、山陽道に沿って数字が増えていき、沖縄まで設定が完了すると、次は大阪を起点にして北上していく。そのため、北陸から東北に向かって数字は増えていくのである。

ちなみに、郵便番号制度が始まった時点では沖縄はまだアメリカから返還されていなかったが、将来の返還に備えて「90」をとっておいたのだという。

お金は世の中をどうやって流れているの？

日本の紙幣製造技術は世界の中でもかなり高度で、偽札の流通量は世界各国と比べると非常に低いといわれている。

透かしや肉眼では判別できない「マイクロ文字」といった工夫に加え、角度を変えてみると絵文字が浮き上がる「ホログラム」や棒状の模様を透かしで入れた「すき入れバーパターン」といった新しい技術が使われているために、偽造が困難になっているのだ。

その世界に誇る高精度な日本の紙幣は

国立印刷局で、貨幣は造幣局で製造されるのだが、造幣量は公債および旧紙幣と新紙幣の状況をふまえたうえで、閣議決定されているのだ。

ちなみに紙幣の寿命は意外と短く、1万円札で4~5年、5000円札や1000円札で1~2年程度となっている。寿命を迎えた紙幣は細かく裁断され、リサイクルに回されたり、焼却処分されたりしている。

紙幣といっても、もともとは紙に絵柄を印刷して作られたものである。インク代や紙代などから製造原価を計算することができるはずだが、残念ながら日本銀行はその数字を公表していない。

しかし国立印刷局から日本銀行に引き渡す際の価格は、15~20円程度だといわれる。この金額の中に印刷にかかった費用、つまりインク代や紙代、人件費等も含まれている。

ちなみに貨幣のほうは、5円玉、10円玉、100円玉、500円玉、いずれも原価はほぼ額面どおりのようだ。ただし、近年の原材料の高騰でアルミニウム100パーセントの1円玉だけは原価が上昇していて、額面どおりでは作れないという。

金属の価格は近年乱高下しており、貨幣の原価にも影響がある。さらには、電子マネーの普及で貨幣の製造量が減少傾向にあるなど、社会情勢が紙幣や貨幣に影響を及ぼしているというのもなかなか興味深いものである。

なぜ硬貨にだけ製造年が刻まれているの？

日本には1円玉から500円玉まで6種類の硬貨が存在しているが、いずれも数字の下には必ず製造年が刻まれている。紙幣には入っていないのに、なぜ硬貨には入っているのだろうか。

日本に造幣局ができたのは明治初期のことだが、当時は金や銀の価値は一定ではなかった。そのため、硬貨に含まれる金や銀の量は製造年によって変動するのがふつうだった。

しかし、こうなると、万が一偽金が出回ったりしたときに混乱を招きかねない。つまり、品質保証の代わりに製造年を明らかにしておく必要があったのだ。

一定の品質を保てるようになった現在も製造年が変わらずに入っているのは当時の名残だが、消費者にとってもデザイン的になじみがあるし、硬貨の歴史を表す付加価値もある。

一方の紙幣は、硬貨よりも耐用年数が短く1万円札でも長くてせいぜい5年しかもたない。そのため、製造年を入れてもあまり意味がないという理由で省略されているというわけだ。

だが、実は紙幣には記番号が必ず入っており、それを照会すればいつ製造されたかがわかるようになっている。ただし、その権限があるのは日本銀行だけで、一般の人が読み解くのはまず不可能だ。

気象庁が桜の開花予想をしない理由

日本の春のお楽しみといえば、なんといっても桜である。3月も前半になると、今年の見頃はいつなのかソワソワし出すお花見好きも多いはずだ。

東京の桜は、千代田区の靖国神社の境内にある1本の桜を「標準木」と定め、それを観察することで開花したかどうかを判断している。

5、6輪の花が咲くと「開花」が宣言され、全体の8割が咲いたところで「満開」の発表となる。

こうした「標準木」は各都道府県にあり、その多くは各地の気象台や大きな公園などにある桜が選ばれているようだ。

ところで、その時期に天気予報で頻繁に流れるのが「開花予想」だが、現在その多くはウェザーニューズなどの民間の会社が担っている。

かつては気象庁だけが行っており、2009年まで続けられていたが、2010年からは取り止めになった。

じつは、その2年前の2007年の春

に予測を立てるためのプログラムに入力ミスがあり、その結果として東京や松山など数か所で予想を大きく外してしまったのだ。

気象庁は謝罪会見まで行ったが、ほどなくして開花予想そのものから撤退。開花宣言を行うのみとなったのである。

現在は民間企業が正確さを競って毎年発表しているが、昨今の異常気象から予測は難しくなっている。

一方、ネットの情報サイトなどでは各地の住民から桜の様子を写した写真を募り、それによって開花状況がリアルタイムにわかるようになった。

コンピュータの予測より、結局は人の目による観察がいちばん信頼できるということだろう。

首相官邸の「秘密の抜け穴」をめぐってささやかれる噂

国家の要人が地下トンネルを使って移動するなどというのは、まるでスパイ映画の中だけのことのように思えるが、しかし、日本にも実際に使われている地下トンネルは存在する。

その中のひとつが、東京・永田町にある首相官邸の地下トンネルだ。

現在の首相官邸は２００２年から使われているのだが、そこには内閣府も公式に認めた地下トンネルが存在する。これは有事に使われる秘密の脱出路というわけではなく、首相官邸の向かいにある内閣府への通路なのだという。

新官邸になる前は地下トンネルがなく、首相官邸と内閣府の間で荷物を運搬する際には職員が台車などで運んでいた。

しかし、荷物の中には機密文書なども多く、防衛上の問題もあった。そこで地下トンネルを使えば、安全なうえに天候も気にしなくてすむというのだ。

とはいえそれは表向きの理由で、じつは要人が秘密裏に移動するためだという説もある。

官の話を鵜呑みにはできないのが政治の世界なのである。

水道料金をあえて毎月請求しないワケ

電気やガスの料金は1か月ごとに請求されるが、水道料金は多くの自治体で2か月ごとに請求されている。これは、水道メーターの検針が2か月に一度と決められているからなのだが、なぜ毎月ではないのだろうか。利用者が一番多い東京都水道局の例をみてみよう。

東京都水道局では、かつて6か月ごとに検針を行っていた。しかし、それでは料金の精算時に利用者の負担が増してしまうので、4か月ごとの検針に変更された。さらに1995年からは現行の隔月検針になったが、月ごとの検針には移行していない。

１か月ごとの検針を阻む一番の壁は、人件費の問題である。毎月検針にした場合、検針をする人などの人件費が２倍近くに膨れ上がり、徴収額を知らせる通信費も倍近くかかってしまう。

こういった新たな経費のせいで水道料金が上がる恐れがあるので、現行のシステムがそのまま続いているのだ。

それでも毎月徴収を希望する声があるので、毎月検針への検討は続けられている。だが、やはりコスト面の問題やシステム面の整備の問題がネックとなっており、議論が進んでいないのが実情である。

交通標識の設置費はどこから出ているの？

最近よく見かけるのが夜になるとイルミネーションのように光る交通標識だ。暗闇でも光り、ドライバーにとってはありがたい存在だ。できればもっと設置箇所を増やしてほしいという人もいるだろう。

この交通標識は一見同じように見えるがその表示の内容によって管轄するところが違う。

たとえば交差点を曲がるとどこに行くのかを示した「経路案内」の標識は、その「道路」を管理する行政が扱う。それが国道なら国土交通省であるし、県道なら県になる。

ところが、同じ標識でも街の隅々で見る「駐停車禁止」などの規制標識は、「交通」を管理する所が管轄することになっており、これは各自治体の公安委員会が担当しているのである。

ただし、規制標識の中でも「進入禁止」のような標識になると、両者ともが設置できることになっているし、信号機の設置については公安委員会の仕事となっており、誰が何を設置できるかというのはかなり複雑なのである。

それにしても、この交通標識を設置する費用は誰が負担しているのだろうか。

交通ルールをつくることで安全に生活できるようになるのは地元の住民である。だからといって住民税などの税金をもとに毎年予算が計上されているわけではない。

実は、交通標識などの設置費は交通違反をしたドライバーの反則金が充てられている。つまり、標識を見ないで交通ルールを守らなかった人が標識などの費用を支払っているのである。

交通違反で反則キップを切られたドライバーの反則金は国に納められるが、そのおカネは総務省で「交通安全対策特別交付金」の名前となって、毎年9月と3月の年2回、全国の地方自治体に配分されている。

新橋駅には幻の駅が眠っている⁉

サラリーマンの聖地としてガード下の飲み屋などが愛されてきた東京・港区の新橋駅だが、そこに幻の地下駅があると聞けば俄然興味が湧いてくる。

その駅というのは、東京メトロ新橋駅の隣にある。

戦前、東京高速鉄道の五島慶太社長が、すでにあった東京地下鉄道の新橋駅を利用して渋谷から新橋までのルートを延伸しようと目論んだ。

しかし、東京地下鉄道は新橋駅を利用することを認めず、五島社長は新しい新橋駅を造らざるを得なかった。

すると当然、利用者から乗り換えの不便さを訴える声が多く上がり、結局双方の路線をつなげることになって、東京高速鉄道が造った駅は使われなくなったのだ。

幻の駅は、銀座線新橋駅の西新橋改札付近から８番出口のあたりの壁の向こうに現在もそのままの形で保存されている。

当時の電車は２両編成だったため、現在の駅と比べるとかなり小さい。一部を駅の会議室のスペースとして利用しており、会議室の壁には幻の駅の駅名票が見えるように穴が開けてある。

東京メトロによれば、現在行われている新橋駅のリニューアル工事が終わったらこの駅を一般公開できるようにという構想もあるようなので楽しみに待ちたいところである。

土日、休日、年末年始に死刑を執行しないワケ

日本は主要先進国の中で死刑執行を継続している数少ない国である。

死刑制度の是非についてはこれまでもさまざまな議論が繰り広げられてきたが、2012年12月の安倍内閣発足後から2019年8月までの期間でも計38人の死刑が執行されている。

法務省によれば、年末時点での確定死刑囚の数は2007年以降、毎年100人を超えているという。

ところで日本では、死刑は法務大臣の命令によって執行されることになっている。

この命令は死刑判決が確定した日から6カ月以内にしなければならないが、実際にはすぐに執行されることはほとんどなく、数年から10年以上経って執行されることが多い。

しかし、いざ法務大臣から死刑執行の命令が下りた時には5日以内に執行しなければならない。

その時には刑事施設内の刑場で所長や

刑務官、検察官、教誨師《きょうかいし》などが立会って執行されることになる。

死刑執行を死刑囚に告げるのは当日の朝だというから、死刑囚本人はいつその日がくるのか直前までわからない。毎日、朝になると今日かもしれないという緊張を強いられることになるのだ。

ところが、法律の規定により1年のうちで執行されない日もある。それは、土日と国民の祝日、12月29日から1月3日までの年末年始だ。

この日の朝だけは、その日のうちに死刑を執行されるかもしれないという緊張からひと時、解放されるのである。

子どもの電車賃はどうして半額なのか

選挙権が18歳に引き下げられたのに続き、2022年からは、いよいよ成年年齢も引き下げられる（酒やタバコの解禁年齢は20歳のまま変更なし）。

一方、「大人」と「子ども」の境目については、明確な定義はない。それでも、運賃や施設の利用料などはおおむねハッキリしている。

たとえば、JRの運賃の場合は、12歳以上を大人料金、6歳〜12歳未満を子ども料金としている。これを定めているのは1942（昭和17）年に制定された鉄道省令だ。

それによれば「子ども料金は大人料金の原則として半額」ということだが、その根拠までは明記されていない。

あくまで想像ではあるが、鉄道が誕生した当初は小学生だけで電車に乗ることはまずなかった。そのため、子だくさんの親の負担を減らすために半分にした、という見方もできる。

ちなみに、テーマパークなどの娯楽関係では子どもの定義も施設によって異なり、さらに「子どもは半額」というお約束も崩れつつある。

少子化や不景気など要因はいろいろあるが、そもそも「子どもは半額」にも根拠がないので、「子ども料金は子どもがいる家庭へのちょっとした割引」程度に考えたほうがいいのかもしれない。

「2割の客が売り上げの8割をつくる」の説はどこまで本当?

世間が不景気を嘆いている時期でもブランド品で身を固め、高級レストランに出かける人たちがいる。こうした光景を見るにつけ、自分のところにはなぜお金が入ってこないのかと不思議に思う人も多いにちがいない。

実は、この状況は経済の法則で説明できる。

「世の中の富の80パーセントは20パーセ

ントの人に集中する」のである。この説は、イタリアの経済学者、ヴィルフレード・パレートが１００年も前に提唱したものだ。

経済学者の間では「80対20の法則」とも呼ばれており、「20パーセントの顧客が売り上げの80パーセントをつくる」とも解釈されている。

たとえば、「営業は足で稼げ」と上司に発破をかけられた営業マンが、足にマメをつくりながら新しい取引先を必死で開拓してきたとしよう。

上司はその成果を褒めてくれるだろうし、社内に張り出した顧客獲得件数のグラフには自分の実績が書き込まれ、仕事の達成感も味わえるだろう。だが、残念なことに営業マンは会社の売り上げにはあまり貢献していないかもしれないのだ。

おそらくどこの会社でも同じはずだが、80対20の法則のとおり、大口とされる取引先は全体の20パーセント程度に過ぎず、しかもその20パーセントの取引先が売り上げの80パーセントを占めていることが多いのである。

ちなみに、この80対20の法則を所得に当てはめてみると、富の集中はもっとシビアになっていることがわかるだろう。

２０１８年分の民間給与実態統計調査では、所得税を納めている国民が５９１１万人いる。このうち１０００万円を超える所得税を納めたいわゆる高額納税者は数パーセントだが、所得税の約半分は彼らが納めたものだという。

食糧自給率37パーセントでもお店に国産品がズラリと並ぶカラクリ

農林水産省が毎年発表しているデータに、食糧自給率がある。

それによると2018年の日本の食糧自給率はカロリーベースで39パーセントとなっている。これはつまり、人が生命と健康を維持していくのに必要なカロリーの約6割を外国産の食糧でまかなっているということである。

だが、スーパーに行って陳列されている商品を見ると消費者の国産志向を意識してか、野菜や肉類の多くが「国産」だ。本当のところは、そこまで食糧自給率は低くないのではないかと思えてしまうほどである。

実は牛肉や豚肉、鶏肉などは国産と表示されていても、牛や豚が食べたエサが輸入モノであれば自給率には算入されないのである。

たとえば、国内で流通している食肉の60パーセントが国産だったとしても、飼料の9割が外国から輸入したものであれば自給率は6パーセントと計算される。

やはり日本人の食生活は、外国に頼らなくては成り立たないのが現状なのだ。

第7章

この裏話には、誰もが食いつく、話したくなる

映画の字幕はなぜ独特なフォントなのか？

「映画は吹き替えより字幕派」という人はけっこう多い。たしかに言葉はわからずとも、俳優の声やトーンは映画の雰囲気を左右する大事な要素だ。

そうなると重要になってくるのが字幕の存在だが、日本語の字幕といえば手書き文字のような独特のフォントが真っ先に思い浮かぶ。あの文字はどのように誕生したのだろうか。

きっかけは、日本で上映される外国映画につけられていた手書きの字幕である。かつて映像技術が未熟だった日本では、真っ黒な布に白い文字でセリフを書き、それを1枚ずつフィルムに焼き込んでいくという気の遠くなる作業が繰り返されていた。

セリフの内容によっては漢字の画数が多く、フィルムに写したときに潰れてしまうものもある。そういう場合には、あえて画数を減らすことで見やすくするといった工夫も必要になってくるのだ。

そして、この業界のパイオニアが映画字幕師の佐藤英夫さんだ。彼の話によれば、長編映画で字幕カードはおよそ１０００枚にもなり、それを同じ大きさで手書きしていくのは高度な技術が必要だったという。

現在はもちろんデジタル化されており、シネマ系のフォントは映画以外にも幅広く活用されている。温かみがあってなおかつ見慣れている文字だけに意外な訴求力があるのかもしれない。

Google検索にまつわるちょっとした裏ネタ集めました

インターネットで知りたいと思うことを検索する時に、検索エンジンのGoogleを利用しているという人は多いだろう。

このGoogle検索は検索に役立つだけでなく、楽しい裏ワザがいろいろと隠されていることはよく知られている。

ブラウザにもよるが、日本語で「斜め」や、英語で斜めを意味する「askew」を入力して検索すると、実際に画面が斜めになる。

同じように「一回転」や「do a Barrel roll」を検索すると、画面がグルッと回転する。

そのほかにも「Google Gravity」と入力してから、「I'm Feeling Lucky」のボタンをクリックすると、画面がガラガラと崩れ落ちる。

Gravityは重力という意味なので、Googleの画面も重力に耐えきれずに落下してしまうという面白い趣向である。

また、「人生、宇宙、すべての答え」を検索すると、検索結果には電卓に「42」という数字が表示される。

これはイギリスの作家ダグラス・アダムズのSF小説である『銀河ヒッチハイク・ガイド』に由来している。

小説の中でスーパーコンピューターが「生命、宇宙、そして万物についての究極の疑問の答え」としてはじき出したのが42という数字だったからである。

どれもこれも現実的には役には立たないかもしれないが、Google の遊び心のなせるワザだ。ほかにもいろいろと裏ワザが隠されているので探してみると面白いだろう。

無線通信技術がどうして「青い歯（blue tooth）」？

ひと昔前ならパソコンの周辺にはさまざまな太さや色のケーブルが渦巻いていたものだが、今は無線ＬＡＮのおかげでワイヤレスになりスッキリした。

このようにキーボードやマウス、スピーカーなどの周辺機器が無線でつながるようになったのは、近距離で使える無線通信機能のおかげだ。

その代表的なものが「Bluetooth」である。

スマホの画面の上部にも当たり前のように横を向いたリボンのような Bluetooth のマークがついている。

しかし、そもそも、なぜ無線通信のブランド名を「Bluetooth＝青い歯」にしたのだろうか。

この技術を開発したエリクソン社はスウェーデンの会社なのだが、じつはこれは10世紀に実在した同じ北欧のデンマーク王の異名なのだ。

「青歯王」と呼ばれたハーラル1世は、異なる民族であるデンマーク人とノルウェー人を平和的に統合した人物として知られている。デンマーク全域を支配した最初の王ともいわれているのだ。

そこで、その業績にちなんでさまざまな無線通信規格を統一したいという思いから、エリクソン社の技術者が英語読みの名をつけたのだ。日本だったら、さしずめ卑弥呼や豊臣秀吉といったところだろう。

そんな願いが実を結び、Bluetooth は今では全世界の3万社を超える企業が登録する無線通信技術になっている。

電話と電卓の数字の配列が微妙に違うのはどうして？

数字のボタンを押して使うものとして挙げられるのが、電話と電卓だ。同じように見えるこの2つの数字の配列だが、じつはまったく違うのをご存じだろうか。

計算に使う電卓では、ＩＳＯ（国際標準化機構）の基準によって0から順に下から並べられている。これは、計算に最も多く使われる0の位置を手前にすることを理由に決められているという。

同じように携帯電話やプッシュ式の電話の場合も使いやすさを基準に決められているのだが、0が下にあり、1から順に上から並べられている。

電話の配列を決めているのは、ＩＴＵ-Ｔ（国際電気通信連合の電気通信標準化部門）だ。

ふだん何気なく使っているため自然と手が動いているのだが、あらためて見てみるとその配列にも意味があるとはなかなか面白いものである。

芸能人が同じ業種のCMに掛け持ち出演しないウラ事情

移り変わりの激しい芸能界にあって、タレントのCMの契約本数はそのまま本人の人気のバロメーターともいえる。

現にCMキング・クイーンなどと呼ばれる人気者ともなると、同時に10社以上の企業と契約することも珍しくない。

しかし、注意深く見てみると、その中には同業種のCMは存在していない。つまり、A社のビールを宣伝しておきながら、B社のビールも宣伝するというようなことは業界ではご法度なのだ。

ならば、B社の商品がワインならいいのかといえば、そういう問題でもない。基本的に業種がかぶった時点でNGとみなされるのである。

過去には電機メーカーのCMに出演しながら、通信会社とCM契約したタレントがいたが、紹介する製品そのものはまったく違ったものの、電機メーカー側は競合関係にあたるとみなし、立腹して契約を解除したという噂もある。

もちろん、同時でなければ競合関係にある会社のCMに乗り換えるのはあり得ることだし、実際前例もいくつかある。ただ、先に出たCMのイメージが強すぎると、消費者の混乱を招くというリスクもある。

たしかに人気者ともなれば契約料は1本数千万円は下らない世界だけに、企業側にしてみればナーバスにならざるを得ないのだろう。

なぜ芸能人は同じ時間帯の番組に出演してはいけないのか

アイドルやイケメン俳優に夢中なのは何も若者だけではないが、もしも好きな芸能人が同じ時間帯に異なる2つのテレビ局の番組に出るとすれば、どちらをリアルタイムで観て、どちらを録画にしようか迷うところではないだろうか。

しかし、実際にはファンがこの手の問題で頭を悩ませるようなことはまず起こり得ない。

というのもテレビ業界には、「1人のタレントを同じ日の同じ時間帯に複数の番組に出演させてはいけない」という暗黙のルールがあるからだ。

これは業界用語では〝裏かぶり〟と呼ばれるもので、出演番組が多い人気者であればあるほど厳しくチェックされている。

基本的にはタレントが所属する事務所が放送日をチェックし、かぶるようであれば局と打ち合わせをして時間帯をずらすなど対応をしている。もちろん、局も裏番組でレギュラー出演しているタレントは、キャスティングの段階で候補から外すといった配慮をするのが一般的だ。

番組改変期の大型特番などで、あるタレントが途中で不自然に画面から消えるようなケースがあるが、これはその人が裏で他の番組に出演しているためだ。くだけた雰囲気のバラエティ番組であれば、いわゆる〝大人の事情で〟とそれ自体をネタにすることもある。

地方局とのかぶりだったり、タレントの所属事務所が小さかったりすると、まれにそのまま放送されたりという例外もあるが、業界的には大定番のルールとなっているのだ。

関東に〝豚肉文化〟、関西に〝牛肉文化〟が根づいた本当の理由

「関西はきつねうどん、関東はたぬきそば」「関西は昆布ダシ、関東はかつおダシ」「関西はタイ、関東はマグロ」というように、関西と関東では食の好みがことごとく異なっている。一般的に使う料理名などでは、「肉」といえば「関西では牛肉」を指し、「関東では豚肉」のことを指すのも有名だ。

たとえば、関西でカレーといえば牛肉の入ったビーフカレーなのが一般的なのに対して、関東は豚肉入りのポークカレーであることが多い。家庭料理でも肉じゃが

で牛肉と豚肉のどちらを使うほうがおいしいかで論争になることもある。

また関東で「肉まん」というのに、関西では「豚まん」というのも肉といえば牛肉である関西の食文化ならではの呼称である。

この肉文化の違いは江戸時代に端を発している。そもそも牛も豚も縄文時代の終わりから弥生時代に日本に渡って飼われていたことが、遺跡に残された骨などからわかっている。牛は農耕に使われたあとに食用となり、豚は純粋に食用に飼われていた。

しかし、飛鳥時代の仏教伝来の影響で「肉食禁止」となり、人々はおおっぴらには肉を食べられなくなった。

食用には使われなくなったものの、牛はその後も田畑を耕す役目を負い、牛は主に関西で使い続けられ、関東では馬が農耕用の家畜として主流になったことが肉の文化を東西に分けたようだ。

関西では、江戸時代にすでに近江《おうみ》（滋賀県）、伊賀《いが》（三重県）、但馬《たじま》（兵庫県）での牛の飼育が知られていて、近江の彦根《ひこね》藩では牛肉の味噌漬けが作られて、徳川将軍家に献上されていた。明治を迎えて和牛の品種改良などが行われたのも中国地方を中心とした地域である。

一方、豚は江戸時代になって台湾や沖縄の影響を受けた薩摩（鹿児島県）から飼育が始まり、関東でも明治に入って、馬より飼育しやすいという理由で北関東で広く飼われはじめた。

一説には、明治維新の立役者である薩摩藩の人々が上京してきて、彼らの多くが役人になったことで関東に豚を食べる習慣が根づいたともいわれている。

男性のズボンのファスナーが「社会の窓」と呼ばれるワケ

いつもクールな上司のズボンのファスナーが開いていた場合、そっと近づいて「社会の窓が開いていますよ」と耳打ちできる人はよくできた部下といえるかもしれない。

ところで、ズボンのファスナーをなぜ「社会の窓」と呼ぶのかというと、そのルーツは1948年に放送が開始されたNHKのラジオ番組「社会の窓」からきている。

この番組は、ふだんは明るみになることがない社会の裏側を探るといったシリアスなもので、当時は流行語になるほどの人気ぶりだった。

「窓を開けば大事なモノが見えてくる」というニュアンスが、いつしかズボンのファスナーと男性のシンボルの関係性に置き換えられ、あっという間に隠語として定着したのである。

ここから派生して女性の場合は「理科の窓」などとも呼ばれたが、こちらは「社会の窓」ほど浸透しなかった。

最近では「社会の窓」という言葉そのものも死語になりつつあるが、直接「チャックが全開ですよ」では、やはり無神経すぎる。

ある世代以上の人たちにはまだまだなじみがある言葉なので、初耳だという若い人も言い回しのひとつとして覚えておくといいかもしれない。

「ラジオ体操」は、アメリカからの輸入だった⁉

夏休みの朝、子ども会や町内会で行われているラジオ体操に参加してスタンプを押してもらっていた経験がある人は多いだろう。

老いも若きもいっせいに体操をするのは、いかにも日本的な運動にも思えるが、じつはそのルーツはアメリカにある。

ラジオ体操を始めたのは、アメリカのメトロポリタンライフ生命保険会社（メットライフ）だ。

１９２５年当時、アメリカでは健康やダイエットに高い関心が集まっていた。そこで、ラジオで「メトロポリタンライフ　ヘルスエクササイズ」という健康体操を行い、番組の最後に宣伝を挟み込むスタイルの番組を始めたのだ。

この番組は大ヒットし、最盛期で４００万人のリスナーがいたという。

アメリカを視察に訪れた逓信省簡易保険局の職員がこれに注目し、日本でも取り入れられたのが「ラジオ体操」なのである。

1928年に東京中央放送局でラジオ体操放送が開始され、1931年にはおなじみの「ラジオ体操の歌」も発表されている。ラジオ体操は日本の朝の風景として庶民の間に根づいていったのである。

「日清焼そばU.F.O.」はなぜUFOにドットがついてる？

1970年代後半に世の中を湧かしたできごといえば、UFOブームだ。テレビでUFOや宇宙人を取り上げた番組がよく放送され、1978年にはピンクレディーの代表曲『UFO』がリリースされ、アメリカ映画『未知との遭遇』も日本公開している。

そんなブームのさなかに、食品業界から『日清焼そばU.F.O.』が登場した。

円形のパッケージに大きな「U．F．O．」の文字は、いかにもブームに乗ったかのようだが、じつはこのネーミングは未確認飛行物体のそれではない。

Uは「うまい」、Fは「太い」、Oは「大きい」の頭文字で、商品の特徴をうたっているのだ。アルファベットの横についているドットは、いわば句読点のようなものなのかもしれない。

ただ、ロゴの下には小さく未確認飛行物体を意味する「UNIDENTIFIED FLYING OBJECT」の文字もある。

まったくブームに乗っていなかったかといえば、どうやらそうでもなさそうである。

「キューピー」の「ユ」は、実は大文字だった！

マヨネーズのトップブランドといえば、真っ先に上がるのがキューピーだろう。

卵の黄身だけを使ったこだわりの製法で、日本の食卓に欠かせない調味料のひとつになっている。

そのキューピーのロゴマークを見ると、面白いことに気づく。キューピーの小さい「ユ」の文字が大文字で表記されているのだ。

少々レトロ感が漂う文字遣いは、創業当初の仮名遣いのままだからというわけではない。

ユが小文字だと横書きの場合に全体のバランスが悪くなるというデザイン上の問題なのだ。

これによって、正式な社名がキューピーなのにもかかわらず、表記がキユーピーという面白い現象が起きているのである。

ちなみに、「キヤノン」や「エドウイン」などの社名も同じ大文字表記となっている。

「ビックカメラ」の「ＢＩＣ」ってどういう意味？

ビックカメラといえば、家電量販店の最大手の一社だ。カタカナだとわかりにくいのだが、同社の店舗などに行くと看板には「ＢＩＣ ＣＡＭＥＲＡ」と表記されているのがわかる。ＢＩＧではなく、ＢＩＣなのだ。

確かにカタカナ表記では「ビック」でありビッグではないのだが、何となく「ＢＩＧ ＣＡＭＥＲＡ」だと思い込んでいる人も多いだろう。

これは英語ではなく、バリ島のスラングなのだという。意味は「外身が大きいだけではなく、中身を伴った大きさ」というものだ。

このことを旅行中に聞いた創業者の新井隆司氏が社名に選んだそうで、「ただの大きな石ではなく、小さくても光り輝くダイヤモンドのような企業になりたい」という思いが込められている。

現在、コジマ電気やソフマップなどを子会社に持つビックカメラは、その名のとおりＢＩＣな企業になったといえるのである。

ＪＲが会社のロゴにあえて“誤字”を使う深いワケ

会社のロゴマークであれば正しい漢字を使うのは当然のことで、誤字があったら大変な問題になってしまう。ところが、あえて誤字を使っている会社があるというのだ。

ＪＲ東日本鉄道のロゴマークには、正式名称である東日本旅客鉄道の中の「鉄」の字が、金へんに「失う」という字ではなく、金へんに「矢」という字が使われている。

金を失うでは縁起が悪く、矢であれば目標に向かって真っすぐに飛んでいくというイメージが鉄道会社にピッタリというわけだ。東日本以外のＪＲ各社でも同じ文字が使われている。

じつは金へんに矢という漢字は、ＪＲのために創作されたというわけではなく実際に使われている。鏃（やじり、ぞく、そく）という字の略字として使われているのがそれだ。

あえて略字を使うというのはなかなか面白いのだが、文字の持つイメージを考えると納得できる話ではあるだろう。

「ＥＤＷＩＮ」の社名は語呂合わせってどこまで本当？

ジーンズはもはや誰もが持っているといっても過言ではないほど、日本人のファッションとして浸透しているアイテムだ。

もともとは戦後、アメリカ軍の払い下げや中古品の輸入という形で日本に入ってきた。

そんななか、日本人のための良質のジーンズを作ろうという思いから生まれたのが現在でも人気の「ＥＤＷＩＮ」である。

ところでＥＤＷＩＮの文字をよく見てみると、アナグラムになっているのに気づくだろうか。

これはＤＥＮＩＭの文字を並べ替えて、さらにＭの字を逆さにしているものなのだ。さらに「江戸ウイン」、つまり江戸で勝つという意味も込められているのだという。

シャレのような誕生エピソードがあるＥＤＷＩＮだが、日本ではアメリカのリーバイスやリーなどと肩を並べるジーンズのメジャーブランドになっているのはご存じの通りである。

ホワイトハウスの執務室が卵型をしている理由

アメリカのドナルド・トランプ大統領が仕事をしているのが、ワシントンにあるアメリカ大統領の公邸ホワイトハウスだ。

公表されている情報によれば、部屋数は132、敷地内にはテニスコートや映画館、ボウリング場などもあるという。

その中心になるのが大統領の仕事場である執務室だが、その部屋の形はなんと卵形をしているという。

じつは、これには重要な意味があるのだ。

卵形の執務室のルーツは初代大統領ジョージ・ワシントンの執務室にある。ワシントンは部屋の中のどの客とも等しく和やかに談笑できるようにという意図で、公邸の執務室を卵形に設計した。

ホワイトハウスはワシントンが退任したあとに完成したため、ワシントン本人が仕事をすることはなかったのだが、1909年に改装された際、27代大統領ウイリアム・ハワード・タフトがワシントンに倣ってもともと四角だった執務室を卵形にしたのだ。

近年の国際情勢などを考えれば、「どの客とも等しく和やかに」というワシントンの思いがなおいっそう重要なものに思えるのである。

ボウリングのピンが9本から10本になった意外な経緯

若者からお年寄りまで、家族みんなで楽しめる娯楽として定着しているボウリングだが、そのピンはもともと9本だったのをご存じだろうか。

ドイツで始まった競技としてのボウリングは「ナインピンズ」と呼ばれ、ひし形に並ぶ9本のピンを倒すルールだった。

その後、オランダを経てアメリカに伝わると市民の娯楽となり、さらにはギャンブルの対象にもなっていった。

ところが、ナインピンズのギャンブル行為があまりにも流行したため、政府が問題視して「ナインピンズ禁止法」という法律で取り締まることになった。

そこで苦肉の策として「9本ではなく10本のピンなら問題ないはずだ」という冗談のような理屈をつけて、10本のピンを倒すボウリングが生まれたのである。

当時、こんな話がまかり通ったのかと信じられないような気もするが、市民の遊びやギャンブルに対するあくなきパワーは法律くらいで抑えることができないというところだろうか。

NHKでは「ゴールデンウィーク」と呼ばない⁉

毎年4月末から5月はじめにかけてのゴールデンウィークは、国民が国内だけでなく海外にも大移動するため各交通機関が大混雑する。

そもそも、なぜ「ゴールデン」なのかといえば、その名称が最初に使われたのは1951年のことだ。命名者は、映画会社大映の専務だった松山秀夫氏である。

大映が配給した5月公開の映画『自由学校』がヒットした際、書き入れ時とされていたお盆や正月公開の映画よりも興行成績がよかったことから、公開時期の5月を「ゴールデンウィーク」と名づけたのだという。

今では春のゴールデンウィークに対して、9～11月の連休をシルバーウィークと呼ばれるようにもなった。

ただし、これらの名称はNHKでは使われていない。NHKでは「大型連休」という呼び名を使っているのだ。

文字数の多さや、カタカナ語を極力避けるという国営放送の理念と方針に加えて、1970年代のオイルショックの際、華やかな印象を受ける「ゴールデン」という響きに対する苦情が寄せられたことも理由のひとつだという。

〝みなさまのNHK〟としてはこうした声に配慮するのは当然ということなのだろう。

「インディ500」の優勝者はなぜ表彰台で牛乳を飲む？

2017年、日本人として初めて佐藤琢磨選手が優勝したことで日本でも脚光を浴びたインディ500は、アメリカのインディアナポリス・モーター・スピードウェイで開催される世界3大レースのひとつだ。

レースはタフで、フリー走行と予選、決勝が3日間で行われるモナコGPと違い、インディ500は練習走行だけで5日間行われ、予選は2日間にわたり、そこを勝ち抜いてようやく決勝を迎えることになる。ル・マン24時間耐久レースに負けず劣らずのハードなレースなのである。

ところで、インディ500にはモナコGPやル・マンにはない独特の伝統がある。それは、表彰台での光景を見ればわかる。

カーレースに限らず、欧米ではスポーツの大会で優勝すると表彰式でよくシャンパンファイトが行われる。表彰台でシャンパンボトルを振って、盛大に中身を撒き散らす例の〝儀式〟だ。

しかし、インディ500ではそんな派手な儀式は行われない。優勝者は表彰台で牛乳を飲むのだ。

これは「Winners Drink Milk !」と呼ばれていて、1933年の優勝者であるルイス・メイヤーがバターミルクをリクエストして、ボトルからグビグビと飲んだことから始まった。

それに目をつけた乳業メーカーがスポンサーとなり、インディ500の恒例となったのだ。

しかも、予選を通過した選手は、あらかじめ「成分無調整乳」「2パーセント低脂肪乳」「無脂肪乳」のいずれかを指定することができる。

この恒例の伝統儀式は地元ファンの間では大切にされていて、過去にはオレンジジュースをリクエストして飲んだ優勝者が伝統を破ったことで批判されるという事態になったこともある。

相撲用語の「ガチンコ」がプロレスに〝移植〟されるまで

真剣勝負のことを「ガチンコ対決」などというが、このガチンコという言葉は、もともと相撲界の隠語である。力士同士が本気でぶつかり合った時に鳴る、「ガチッ」という音が語源になっているという。

２０１１年には力士同士が金で白星を売買する八百長問題が発覚して大問題になったが、そんなズルをしない、本気のぶつかり合いのことだ。

それをプロレス界に持ち込んだのは、力士からレスラーに転身した力道山のようだ。

プロレスには「ブック」という筋書きを意味する言葉があり、またそれを破ることを「ブック破り」というように、本来はエンタメ的な要素が強い。

しかし、力道山が天下を取ったことから、ガチンコやつけ人制度など角界のしきたりがプロレス界にも入っていったとされている。

それが、今ではさまざまなスポーツでも「真剣勝負＝ガチンコ」というように使われるようになったのだ。

しかし、考えてみるとスポーツの試合ではガチンコは当たり前だが、プロレスのように重傷者さえ出しかねない激しい戦いだからこそそのメリハリなのだろう。

野球の監督はなぜスーツ姿でベンチに入ってはダメなのか

サッカーやバレーボール、卓球などスポーツの監督といえばジャージを着ているかスーツ姿で選手にゲキを飛ばしているものだ。

しかし、野球だけは違う。プロ、アマを問わず、そして少年野球でも監督も上から下まで選手と同じユニフォームを着ている。

じつは、これは規定で「同じチームの監督やコーチ、選手は同型、同色、同意匠のユニフォームでなければならない」と決められているからだ。

野球だけにこのような規則があるのは、野球が誕生した当時、チームのキャプテンが監督を兼任していたからだといわれている。

たしかに日本のプロ野球でも時々、選手兼監督という人がいる。かつての大阪タイガース（現・阪神タイガース）の選手兼監督だった藤村富美男氏は、審判に「代打、ワシ」と告げて逆転サヨナラホームランを放ったことで有名だ。

さらに、野球の監督は直接、グランドに入って選手にアドバイスすることもある。ほかのスポーツでは、足がテクニカルエリアなどのラインをはみ出しても審判から注意されたりするのに、野球の場合はそれが許されるのだ。

このようなルールの特殊性もあって、グランドプレイヤーの一員として同じユニフォームを着用するのである。

マラソンのペースメーカーが絶対にしてはいけないこと

テレビでマラソン大会の中継を見ていると、スタートしてすぐ先頭に立つランナーのゼッケンの色がほかの選手と違うことがある。これは大会の主催者に雇われたペースメーカーであることを示すゼッケンで、今ではすっかり一般的なものになった。

彼らはプロのランナーで、出場選手に好タイムを出させるため、レース全体のペースが落ちないように先頭に立ってレースを引っ張ることがその役目だ。

毎年、3万人を超えるランナーが東京の街を駆け抜ける東京マラソンでも、男女それぞれ数名のペースメーカーがエントリーされている。

そんなペースメーカーは契約にもよるが、レースを完走したり、ましてや1位でゴールするようなことがあってはならない。たいてい20～30キロメートル地点で走り終える契約になっているので、たとえ当日どれだけ調子がよかったとしても、完走することは契約違反に当たるのだ。

ペースメーカーがレースに登場し始めた頃には、ゼッケンを区別することもなく通常のランナーとしてエントリーされていたため、最後まで先頭を譲らず優勝してしまったペースメーカーもいた。

そこで現在では、正式に出場している選手とは別の色のゼッケンをつけて、ペースメーカーであることがひと目でわかるようにしている。

「全米ナンバーワン」の映画がやけに多いのは？

「今年最高の感動作！」「○×も泣いた！」など、映画の宣伝文句にもいろいろあるが、たとえば「全米ナンバーワン」というフレーズもなかなか説得力があるのではないだろうか。

映画の本場でナンバーワンとくればいやでも期待感が煽られるが、実はこれ、ウソではないがちょっとしたカラクリがある。

ここでいうナンバーワンとは、国内映画の興行収入などのデータを集め、ランキング化したり分析したりするアメリカの調査会社「ボックスオフィス」のデータに基づいている。

ただし、いつのナンバーワンなのか、何週も連続した末のナンバーワンなのか、詳しいデータまではこのフレーズからは読み取れない。

日本の音楽チャートなどでも、ほかのアーティストの新曲とあえて発売日をずらすことで、その週の1位を獲得するというやり方は珍しくない。この場合、売上枚数自体は平凡なものでも、ライバルがいなければ容易に1位の称号を手に入れることができてしまうのだ。

つまり、同じ全米ナンバーワンでも、たまたま同時期に話題作がなくて1位になるという可能性はおおいにある。観終わった後、「評判の割には……」とガッカリするような作品に出会ったら、このカラクリを思い出せば合点がいくかもしれない。

ＮＨＫ紅白歌合戦が１年で２度開かれた年があった！

長い間、日本人にとって年中行事のひとつになっているのがＮＨＫの「紅白歌合戦」だ。かつて昭和の時代には、大晦日の夜にはコタツで年越し蕎麦を食べながら紅白を観て、それが終わると除夜の鐘を聞きながら、家族揃って新年を迎えるというのが、日本中どこでも見られた年末年始の風景だった。

しかし、平成の時代になって視聴率が下がり始めた。核家族が増えて家族総出でテレビを観るという習慣が少なくなり、やがて、ひとり暮らしの世帯も珍しくなくなると、もはや大晦日にテレビの前で過ごす人も減ってきた。

紅白歌合戦は今や混迷の時期にあり、今後の動向が気になるところだ。それでも国民的番組であるのは間違いない。

そんな紅白歌合戦のルーツは、終戦の年である１９４５（昭和20）年の大晦日にラジオで放送された「紅白音楽試合」である。ＧＨＱの検閲により「合戦」という言葉が禁じられ、代わりに「試合」という番組名になった。

その後、本格的に始まったのは１９５１（昭和26）年で、年を追うごとに人気はうなぎ昇りとなり、１９６３（昭和38）年には、なんと視聴率81・４％を記録した。今では想像もできない数字である。

ところで、大晦日の番組であるはずの紅白歌合戦が、年に2回も開催された年がある。１９５３（昭和28）年のことだ。じつは、紅白歌合戦は最初は正月番組としてスタートした。第3回目は、1953（昭和28）年の1月2日に放送されたのである。ちなみに、このときまではラジオ放送のみだった。

ところがその年、正月番組ではなく年末番組に変更となったのだ。そのために、同じ年の12月31日に第4回が開催された。つまり、この年は、正月と年末の2回、開催されたわけである。

この年末の第4回からテレビ放送が始まり、紅白歌合戦の黄金時代が始まるのだ。

どうして高校野球では金属バットを使うのか

高校野球とプロ野球の違いはいろいろあるが、目につくのはバットの材質の違いだろう。甲子園球場に響くカキーンという音からもわかるように、高校野球で使われるのは金属のバットである。

じつは、高校野球でももともと木製のバットが使われていたのだが、1974年の大会で金属バットが導入されている。

その理由には諸説あり、「折れないので長持ちする」「木を使わないのでエコである」といったものが挙げられているが、はっきりしたことはわからない。

しかし、金属バットが導入されて以降、打球の飛距離は格段に伸びてホームランが多く出るようになった。

観戦する人には楽しみが増えたのだが、同時にプロ野球に進む球児たちは入団後、まずバットの材質の違いに苦労するという側面がある。ほとんどの選手が金属バットを使用するなかで、あえて木製バットを使い続けるという高校球児もいるようで、そんなところに気づくと野球観戦の楽しみも増すというものだ。

「♂」と「♀」のマークにはどんな意味があるの？

昔ほどではないものの、男女それぞれを表す「♂」「♀」のマークはまだまだ目にすることが多い。

一説には、「♂」は男性の生殖器を、「♀」は女性の胸を象《かたど》っているといわれたりもするが、実はそうではない。

最も有力な説は、ギリシャ文字を簡略化したというものだ。

「♂」は火星、「♀」は金星を意味しており、それぞれギリシャ語では「Thouros」「Phosphorus」と表記される。

そのうち、これらは金属の名前にも代用され、Thourosは「鉄」、Phosphorusは「銅」を表すようになった。

どちらもスペルが長いため、錬金術師たちは文字を略したり崩したりしたが、その最終形が「♂」「♀」だといわれているのだ。

さらに、これを18世紀の植物学者カール・フォン・リンネが植物のオスやメスを区別するのに用いた。それが、そのまま人間の男女を意味する記号として定着したのだ。

宇宙飛行士が宇宙船の中で泣いてはいけない理由

今や日本人宇宙飛行士が宇宙船内からメッセージを送ってくる映像も珍しい光景ではなくなった。長年の研究から宇宙船内部もだいぶ快適になっているようだが、もちろん地上にいるときとは大きく環境が異なる。最大の違いは何といっても無重力状態になっていることだろう。

この無重力空間ではいくつもの注意が必要で、たとえば、どんなに悲しかろうと感動しようと涙は禁物だ。

宇宙船の中で最も気をつけなければならないのが水の扱いである。無重力状態だと水はポタポタと流れ落ちることはなく、ボール状になって周囲にまとわりつく。当然のことながら涙も頬を伝い落ちずに、目やまつげにくっついてしまうのだ。

このため号泣しようものなら涙の量も多くなり、それが鼻や口を塞いで窒息してしまいかねない。しかも、泣いた本人の身が危うくなるだけでなく、涙は宇宙船の機能にも悪影響を及ぼす危険がある。辺りに飛び散った涙が機器類につくと、故障の原因になりやすいからだ。

同じようなことは汗にもいえる。普通に動いている限り汗をかくことはないが、体力を維持するためにトレーニングをすると汗が出る。そんなときは、肌の表面についた汗を振り落とさないように慎重に動く必要があるのだ。

涙ぐむくらいなら問題ないとはいえ、涙も汗も即座にタオルかティッシュでふき取らなければならない。宇宙船で泣くという行為は、想像以上にリスクが高いのである。

どうして宇宙船で炭酸飲料を飲んではいけないのか

宇宙での滞在期間が長期化するにつれて、宇宙食も進化してきた。もちろん地上と同じレベルの味を期待するのは難しいとはいえ、ステーキやピラフ、スープといった食品から果物、デザートまで多種多様な内容になっている。

もちろん飲み物の種類も豊富にそろっており、コーヒーや紅茶はホットかアイス、ストレートか砂糖入りかなどが選べる。宇宙飛行士たちが飽きないように工夫されているのだが、残念ながらこの中に炭酸飲料は入っていない。宇宙船では炭酸飲料を飲んではいけないからである。

炭酸飲料は開封と同時に液体から炭酸ガスがはじけ出す。それがあのシュワーッと泡立つ小さな気泡だ。しかし、無重力状態では炭酸ガスが出ていくことができずに、泡は液体の中にとどまったままになってしまう。

すると泡が膨らみ続けて液体が容器からあふれてしまうことになり、非常に危険な状態に陥る。前述したように宇宙船にとって水は大敵だからで、炭酸飲料を船内に持ち込むことは禁じられているのだ。

ただし、特殊な容器を開発して実験的にコーラを積み込んだケースがある。当然のことながら、地上と違って炭酸飲料独特のあのはじけるような爽快感は味わえなかったうえ、宇宙船には冷蔵庫がないので生ぬるいものしか飲めなかったという。乗組員からはかなり不評だったらしい。

ちなみに、宇宙船の中では普通にコップに入った液体を飲むことはできないため、アルミ製の容器にストローを差して飲む。ストローにはクリップがついており、液体が漏れ出ないように工夫されているのはいうまでもない。

マジシャンがタネ明かしをしてはいけない本当の理由

ショーやテレビを通じて、観る者をワクワクさせてくれるのがマジシャンという職業だ。巧みな手さばきでカードやコインを操り、驚くような技を繰り広げる。

「タネも仕掛けもございません」という決まり文句とは裏腹に、もちろんすべてのマジックにタネもあれば仕掛けもあるが、いかなる場合でもマジシャンがそのタネ明かしをするのはタブーである。

基本的にマジックのタネは自分で考えるものより、購入するほうが多い。エンターテインメントの本場であるアメリカなどでは、専門のマジックショップやマジシャン向けの展示会で何千ドルもする高価な商品もふつうに売られている。

マジシャンはそうして仕入れたタネを練習し、自己流にアレンジして披露するわけだが、たとえばテレビ番組の企画などでタネ明かしするような場合は気をつけなくてはならない。

すでにハウツー本などで紹介され尽くしているような一般的なマジックや、自分だけのオリジナルならともかく、新たに購入したタネの仕掛けをうっかりばらしたりすると、世界中のマジシャンのひんしゅくを買うことになる。一度タネ明かしをされてしまえばそのマジックがやりづらくなるからだ。

過去には、テレビ局がマジックバーの経営者が逮捕されたニュースを放送する際に、事件とは無関係のコインマジックのタネをいくつか紹介したことに対して、マジシャンが財産権を侵害されたとして提訴した例もある。

マジシャンにとってタネ明かしは死活問題に直結する。ただでさえインターネットでネタバレしやすくなっている昨今、マジシャンの守秘義務はいっそう重くなっているのだ。

花火師が冬でも絶対にセーターを着ないワケ

夏場に花火大会が多いせいか、花火師は夏は忙しいけれど冬は暇ではと思われていることが多い。だが冬場は、来夏に向けての花火作りや新商品の開発などに追われてけっこう忙しかったりするのである。

実は、冬場は花火づくりにとって大敵となる湿気も少ないし、運動会やフェスティバルなど花火を使ったイベントも少ないので、制作にはもってこいの季節なのだ。

そんな花火師たちにとって天敵ともいえるのが、静止した電荷によって引き起こされる静電気だ。

放電による引火や爆発の恐れがあり、さらに冬場は静電気の発生確率が高まるので、花火師たちは事故を起こさないために神経を尖らせている。

その対策の一環として、花火師はいくら寒くてもセーターを着ることはなく、帯電を防ぐ綿素材の服を主に着用している。

セーターは他の衣類と比較してもとくに静電気が発生しやすい。そのため、職人たちは寒さに耐えながら花火づくりに勤しまなければならないのだ。

また、出入口に体内の静電気を取り除く装置がある作業場も珍しくなく、火薬を詰める作業場には電灯すらないということもある。

何かの拍子で放電すると大惨事につながりかねないので、職人たちはそれだけ細心の注意を払っているのだ。

○参考文献

『我が家を売る時も買う時も絶対損しない方法』(金子徳公／現代書林)、『不動産裏物語』(佐々木亮／文藝春秋)、『「外食の裏側」を見抜くプロの全スキル、教えます。』(河岸宏和／東洋経済新報社)、『そうだったのか！選挙の秘ナイショ話』(渡辺強／ビジネス社)、『テレビ局の裏側』(中川勇樹／新潮社)、『誰も知らない不動産屋のウラ話』(川嶋謙一／幻冬舎メディアコンサルティング)、『銀行員のキミョーな世界』(津田倫男／中央公論新社)、『スッチー裏物語』(川西一仁／バジリコ)、『天気予報はこの日「ウソ」をつく』(安藤淳／日本経済新聞出版社)、『マーケティングがスラスラわかる本』(佐々木宏／同文館)、『買わない理由 買いたい心理』(堀内敬一／エイチアンドアイ)、『くらしとビジネスのお天気経済学』(平沼洋司／恒友出版)、『ヒット商品 つくる頭と売る頭』(平林茂／KKベストセラーズ)、『こんなにカンタン！陳列の本』(永島幸夫／フォレスト出版)、『天気予報の裏を読む』(幣洋明／ダイヤモンド社)、『おもしろ街角経済学』(鈴木雅光／ぱる出版)、『売れる「売り場」はこうつくる』(加納由紀子／こう書房)、『気になる商売儲けのしくみ』(近長邦彦／日本実業出版社)、『経済活動と気象』(朝倉正、赤津邦夫、奥山和彦／朝倉書店)、『天気と株価の不思議な関係』(加藤英明／東洋経済新報社)、『農林水産省ガイドBOOK』(農林水産省大臣官房情報課)、『美しい箸づかいと和食のマナー』(市川安夫／主婦の友社)、『必中必勝！宝くじ面白ブック』(山口旦訓／ダイヤモンド社)、『社会・未来・わたしたち13お金と人間のくらし』(岸本重陳／岩崎書店)、『ブランド価値の創造』(石井淳蔵／岩波新書)、『定価の構造』(内村敬／ダイヤモンド社)、『値段と料金のしくみ事典』(川嶋光／日本実業出版社)、『日本の貨幣の歴史』(滝沢武雄／吉川弘文館)、『誰にも聞けなかった値段のひみつ』(小川孔輔／日本経済新聞社)、『不動産これから10年のトレンド』(幸田昌則／日本経済新聞社)、『5年後の医薬品業界』(遠藤隆／ぱる出版)、『図解入門 ビジネス最新食品販売の衛生と危機管理がよ～くわかる本』(河岸宏和／秀和システム)、『接客の教科書』(成田直人／すばる舎)、『売り場の教科書』(福田ひろひで／すばる舎)、『陳列の教科書』(鈴木あつし／すばる舎)、『不動産営業マンに負けない本―お客に言えない販売テクニック』（稲葉なおと／講談社）、『建築のしくみ』（齊藤祐子／ナツメ社）、『爆笑列島「日本の謎」』（千石涼太郎／朝日ソノラマ）、『客室乗務員の内緒話』（伊集院憲弘／新潮社）、『スッチー裏物語』（川西一仁／バジリコ）、『スーパーCAの仕事術』（里岡美津奈／メディアファクトリー）、『宇宙飛行士が答えた500の質問』（R・マイク・ミュレイン著、金子浩訳／三田出版会）、『図解入門　現場で役立つ電気の知識と心得』（近藤晴雄、戸谷次延／秀和システム）、『電気の雑学事典』（涌井良幸、涌井貞美／日本実業出版社）、『あっ！　わかった　女性のためのクルマ運転術』（大久保千穂／学習研究社）、『「笑って死ねる」安全食実践講座』（魚柄仁之助／講談社）、『運転士裏運転手帳　知らなかった「電車運転士」というオシゴトのすべて』（奥西次男／山海堂）、『「マラソン・駅伝」の素朴な大疑問』（金哲彦／PHP研究所）、『日本人の祈り　こころの風景』（中西進／冨山房インターナショナル）、『音楽業界知りたいことがスグわかる!!』（梅田勝司／こう書房）、『食品の裏側』（安部司／東洋経済新報社）、『新版　おいしさの科学　味を良くする科学』（河野友美／旭屋出版）、『にっぽん洋食物語大全』（小菅桂子／講談社）、『食文化と嗜好』（河野友美／光琳）、『食べ物はじまり事典』（内山安二ほか／学習研究社）、『あぁ、かんちがい！子どもの食事Q＆A』（幕内秀夫／学習研究社）、『食品表示どちらが安全？』（垣田達哉／リヨン社）、『「食べてはいけない」の基礎知識』（石堂徹生／主婦の友社）、『子どもの「パン食」は今日からおやめなさい！』（幕内秀夫／講談社）、『見なきゃ損する食品衣料表示のカラクリ』（垣田達哉／三水社）、『鯛という名のマンボウ　アナゴという名のウミヘビ』（吾妻博勝／晋遊舎）、『知っておきたい「味」の世界史』（宮崎正勝／角川学芸出版）、『これを食べてはいけない』（郡司和夫／三笠書房）、『噂の健康情報「ホントの話」』（佐野啓明／ゴマブックス）、『大ウソだらけの食品表示』（垣田達哉／講談社）、『からだと化学物質』（ジヨン・エムズリー、ピーター・フェル著、渡辺正訳／丸善）、『月刊「コンビニ」2016.3』（商業界）、『投資経済2017.9』（投資経済社）、『プレジデント　2014.12.29』（プレジデント社）、朝日新聞、毎日新聞、日本経済新聞、読売新聞、夕刊フジ、日刊ゲンダイ、ほか

【ホームページ】

サントリー、東日本盲導犬協会、日刊スポーツ、東京メトロ　銀座線リニューアル情報サイト、YOMIURI ONLINE、タイムズ、Business Journal、かんぽ生命、メットライフ生命、(社)日本新聞協会、(独)国民生活センター、消費者庁、日本プロ野球選手会、中小企業庁、日本郵便株式会社、総務省、アイロボット公式サイト、日本経済新聞、産経ニュース、クレナビ、ダイヤモンドオンライン、ニューズウィーク日本版、週刊エコノミスト、週刊ダイヤモンド、JICA、日経BP、ORICON NEWS、農林水産省総合食料局、厚生労働省、経済産業省、環境省、文部科学省、気象庁、横浜税関、長崎大学熱帯医学研究所、古河スカイ、MSN毎日インタラクティブ、小学おやこホットネット、日本ミネラルウォーター協会、日本気象協会、日本能率協会総合研究所、アサヒビール、スポニチアネックス、キリンビール、サントリー、(社)全国清涼飲料工業会、日経BP社、日本ダンボール工業会、浜松信用金庫、ヤマハ、三菱ゴールドパーク、三井物産ONLINE　GOLD CLUB、産経新聞　投資Web、(財)全国生活衛生営業指導センター、日本新聞教育文化財団、日本新聞協会、(独)国際協力機構、京都和装産業振興財団、毎日放送、農林水産技術会議、経団連、日本政策投資銀行、(社)日本民営鉄道協会、(社)全国乗用自動車連合会、中央三井信託銀行、消防庁、大阪府立公衆衛生研究所、(財)大阪国際経済振興センター、農畜産振興機構、(社)全日本トラック協会、野村證券、ニッセイ基礎研究所、岩手日報、第一生命経済研究所、日本自動販売機工業会、地ビール博物館、ダイワハウス、ホンダ、水産庁、東京都水産試験場、三菱マテリアル、田中貴金属、日本ワイナリー協会、岐阜新聞、(社)日本映像ソフト協会、農林中金総合研究所、(社)日本冷凍食品協会、国土交通省、奈良農業技術センター、東京都福祉保険局、全国漁業協同組合連合会、(社)米穀安定供給確保支援機構、(独)農畜産業振興機構、福岡市港湾局総務部振興課、(社)日本水産物貿易協会、全国蕎麦製粉協同組合、王子製紙、(独)日本貿易振興機構、西日本新聞、日本チョコレート・ココア協会、ビール酒蔵組合、(財)古紙再生促進センター、松下電器産業、PETボトルリサイクル推進協議会、全日本畳事業協同組合、日本ポリオレフインフィルム工業組合、日本製紙連合会、（社）全日本コーヒー協会、全日本宗教用具協同組合、（社）日本自動車工業会、（財）自動車リサイクルセンター、（社）証券広報センター、カーセブンディベロプメント、富士通、日本ＩＢＭ、タキイ種苗、（社）日本種苗協会、（財）製粉振興会、トンボ鉛筆、日本鉛筆工業協同組合、石油情報センター、（社）全国石油協会、（社）漁業情報サービスセンター、公正取引委員会、日経トレンディネット、消費者庁、JSPORTS、日本製薬工業協会、中国通信社、（社）日本農業法人協会、釧路市漁業協同組合、キッコーマン、さぬきうどん「麺の博物館」、東京財団、アヲハタ、奈良県、長崎恋みかん、オーストラリア政府観光局、アメリカ穀物協会、アメリカ大豆協会、ＷＷＦジャパン、北海道新聞、日本科学未来館、中日新聞、河北新報、ORICON STYLE、世界史講義録、青森県立美術館、食材レシピ、牛肉ランド、食材事典 美味探求、愛知県図書館、「神社と神道」総合サイト、公益社葬祭研究所、メディックギンザ、食べものずかん、日本精塩、ジンギスカンWeb、岡山県・蒜山観光協会ホームページ、琉球新報、ＩＮＡＸ、キッコーマン国際食文化研究センター、おいしいパン．ｎｅｔ、ビタミン栄養学、果物屋さんの園芸利用学、京都新聞、UCC上島珈琲、全国銘菓探訪、麺工房六車、うどん博物館、児童英語・図書出版社、竹本油脂、油屋．ｃｏｍ、東芝、ごまの文化人類学、富士産業研究所、湧永製薬、ロイター、親ごころゼクシィ、もやし生産者協会、静岡県、（社）日本養鶏協会、新江ノ島水族館、葛西臨海水族園、ＴＯＷＮＷＯＲＫマガジン、ミクスOnline、Ｊタウンネット、るるぶトラベル、ＴＯＫＹＵＨＡＮＤＳ、日経ＸＴＲＥＮＤ、日本オリンピック委員会、TOKYO2020、（独）造幣局、（社）日本獣医学会、JCASTニュース、国税庁、財務省、税理士ドットコム、＠ニフティニュース、ほか

※本書は、『外から見えない世の中の裏事情』（青春出版社／２０１８年）、『お客に言えないまさかのウラ事情』（同／２０１６）の内容を加筆・修正し、新たな項目を加えて再編集したものです。

編者紹介

ライフ・リサーチ・プロジェクト
現代社会の現状と未来を様々な角度から分析すべく結成されたプロジェクトチーム。卓越した取材力と冷静な分析力を持ち味とする。本書では、あの業界、あの会社、あの集団などの気になる裏側にとことん迫った。知られざる不文律から、暗黙のルール、聞けば納得の内幕まで、驚愕必至の一冊！

立《た》ち入《い》り禁止《きんし》の裏《うら》ネタ・隠《かく》しネタ大全《たいぜん》

2020年2月1日　第1刷

編　　者　ライフ・リサーチ・プロジェクト

発 行 者　小 澤 源 太 郎

責任編集　株式会社プライム涌光
電話　編集部　03(3203)2850

発 行 所　株式会社青春出版社
東京都新宿区若松町12番1号〒162-0056
振替番号　00190-7-98602
電話　営業部　03(3207)1916

印刷・大日本印刷　　製本・ナショナル製本

万一、落丁、乱丁がありました節は、お取りかえします

ISBN978-4-413-11319-9 C0030